ちくま新書

「権限によらないリーダーシップ」で組織が変わる

日向野幹也
Higano Mikinari

1828

「権限によらないリーダーシップ」で組織が変わる【目次】

第2章 **組織をどう変えるか**

はじめに 「権限によらないリーダーシップ」が注目を浴びている！

✝そもそもリーダーシップとは？

私はこれまで20年近くリーダーシップ教育に携わってきました。その教育の中で主軸に置いているのが「権限によらないリーダーシップ」です。

これは、ある集団において、そこで共有される目標達成に向けて、参加する一人ひとりが権限の有無・強弱に関係なく、それぞれの役割において他のメンバーに働きかけ、影響を与え、成果を出していく、というものです。

「リーダーシップって権限のある人が発揮するものなのでは？」と思う人が少なくないかもしれません。こうした考えは今の日本においてはもっともなことです。私たちの多くが、リーダーシップ」という言葉を使うときにイメージしているのは、「役職や権限など特定の力を持つ一握りの人が、それを根拠に指示や命令を発し、それによって集団を目標達成に向け引っ張っていくこと」だからです。

つまり、「リーダーシップを発揮するには、何らかの『権限』が必要」とおおかたの人は考えているわけです。

その前提からすると、私が教えている「権限によらないリーダーシップ」は「権限」の有無を根拠にしていないわけですから、「それをリーダーシップと呼ぶのだろうか？」という疑問は当然のことです。

では、そもそも「リーダーシップ」とはどのようなものなのでしょうか。

リーダーシップに関する研究は100年以上の歴史があり、その中でさまざまなリーダーシップのスタイルが定義されてきました。それらに共通するものを抽出するとすれば、「何らかの成果を生み出すために、他者に影響を与えること」というのが最大公約数的な定義といえるでしょう。

この定義を見ると、権限によらないリーダーシップも、集団内において達成したい「目標」があり、それに向けて、メンバー同士がお互いに「影響を与えあう」のですから、リーダーシップの一形態だということがご理解いただけるでしょう。

ただ、権限によらないリーダーシップにおいてリーダーシップを発揮する主体となるのは、「役職や権限など特定の力を持つ一握りの人」ではなく、「権限の有無・強弱に関係なく、参加する人すべて」です。この部分において一般的にイメージされるリーダーシップとは異なるといえます。

†20世紀型のリーダーシップが通用しなくなってきた

ここまでお読みになってこう思われる人も多いかもしれません。

「権限の有無・強弱に関係なく、参加する人すべてがリーダーシップを発揮するなんてことは、可能なのだろうか?」

「船頭多くして、船、山に登る」ということわざがあります。これは、指図する人(船頭)が多くなれば、その集団が混乱し、当初の目的とは大幅にズレた方向に物事が進んでいってしまうことのたとえです。権限に関係なく誰もがリーダーシップを発揮できるようになると、下手すればこうした状況に陥る可能性もあります。

そして、多くの人がイメージするリーダーシップ、つまり、何らかの権限を持つ一握りの人が、その権限を根拠に指示・命令を出し、残りのメンバーを動かしていくというトップダウン型のリーダーシップは、まさにこうした事態を避けるために生み出され、主流となっていったともいえます。

その意味では、その逆をいく権限によらないリーダーシップは、これまでの人間社会の歴史の逆を行っているように見えるかもしれません。しかし、実はその逆です。20世紀まではこうしたトップダウン型のリーダーシップが十分に機能し得ました(その意味で、これは「20世紀型」といえます)。ところが、21世紀に入って、もっと正確にいうならば1990年代ごろから、そうもいかなくなってきたのです。

私がそのことに気づかされたのは、2005年に、立教大学経営学部でその翌年から開講することになっていた「ビジネス・リーダーシップ・プログラム」の準備をしているときでした。

20年前までは金融論が専門だった私は、リーダーシップについては当時門外漢で、開講準備のために、大学からいただいた1年の間に、リーダーシップについて一から学んでいるところでした。

そして、今も昔も科学的なリーダーシップ研究がもっとも盛んなところといえばアメリカです。その準備期間にアメリカにたびたび出張し、さまざまな研究者たちに会ってインタビューする中で、1990年代あたりから、「権限によらないリーダーシップ」がアメリカでのリーダーシップ研究のトレンドになっていることを知ったのです。

このトレンドの大きな要因のひとつが、89年の冷戦終了以降、多くの人が予想もしなかったような激変が世界中で頻繁に起こるようになったことです。こうした状況はしばしばVUCAと表現されます。これは変動性（volatility）、不確実性（uncertainty）、複雑性（complexity）、曖昧性（ambiguity）の4つの言葉の頭文字を取った言葉で、文字通り変動が激しく、かつ不確実で複雑で、曖昧な状況を示す造語です。もともとはアメリカ空軍が用いていた軍事用語だといわれています。

こうした予測不可能な時代に突入する中、主に世界でビジネスを展開するグローバル企業の間で、「これまでのトップダウン型のリーダーシップだけでは、現状の変化のスピードに対応できない」という危機感が強まっていきました。そこで注目されるようになったのが「権限によらないリーダーシップ」の考え方で、権限を持たない層のメンバーにもリーダーシップのスキル（具体的には、目標達成ために、他者に働きかけ、動かしていくスキル）を身につけさせることが急務になります。

この流れを受けて、90年代には、グローバル企業からの要請と資金提供によって、アメリカの大学中心に「権限によらないリーダーシップ」という科目を開講する学校が爆発的に増えていきました。こうした動きはアメリカからイギリスを経て、ヨーロッパにも広がっていきます。

†日本企業も注目し始めた「権限によらないリーダーシップ」とは？

私が2005年にアメリカで目の当たりにしたのはこうした状況でした。そして、欧米でのこうしたトレンドを知ってしまった以上、今さら日本で20世紀型のリーダーシップを教えるわけにはいきません。それに日本においても遅かれ早かれ、権限によらないリーダーシップがトレンドになることは目に見えています。

そこで、大学側にもその旨をしっかりと伝え、06年開講の「ビジネス・リーダーシップ・プログラム」は、権限によらないリーダーシップを軸に構成することにしました。当時、新しいリーダーシップ教育プログラムを置く予定にしていた新設の経営学部学部長予定者・白石典義氏（故人）は、私の提案を聞いて驚いていました。しかし、ご自分の留学経験に照らして、「それが北米流かもしれん」と理解を示してくださいました。

ただ、立教大学ではその方向で開講にまでこぎつけられたものの、外に目を向ければ、当時の日本でのリーダーシップの主流は20世紀型です。権限によらないリーダーシップについては、一部の学者が注目している程度でした。企業へ説明しに行っても、興味を示してくれるのは一部のコンサルタント会社や外資系企業くらいでした。大部分の日本企業が「権限によらないリーダーシップ？　そんなものを導入したら組織が混乱するだけだ」と、まったく相手にしてくれませんでした。

ところが10年代に入って状況が少しずつ変化し始めます。企業のリーダーシップ研修において、権限によらないリーダーシップが　じわりじわりとトレンドになっていったのです。

日本企業においてもグローバル化が加速度的に進み、凄まじいスピードで激変する世界の中で20世紀型のリーダーシップでは対応し切れないことが肌感覚で実感できるようになってきたのでしょう。その結果、アメリカやヨーロッパにおいてリーダーシップのトレンドとなっている権限によらないリーダーシップの実践を模索する企業が増えたのだと考えられます。


私自身が日本企業の変化をリアルなものとして理解したのは、12年に出版された伊賀泰代さんの『採用基準』という著書への、企業の、とりわけ人事畑の人たちの反応を見たときです。

この本には、「権限のある人もない人もみんなでリーダーシップを発揮していく」といった内容が書かれており、私たちが提唱している権限によらないリーダーシップの考え方とほぼ重なっていました。

こうした内容の本が、日本企業の人事畑の人たちの間で売れていたのです。その事実を知り、日本の大企業の人事部の中にも権限のないリーダーシップを理解する素地が生まれてきつつあることを私は強く実感しました。

それを証明するかのように、この頃になると、私が日本企業に権限によらないリーダーシップについて説明しに行った際の反応も、かなり前向きなものに変わっていました。

そして、私がリーダーシップ教育に携わるようになって20年近く経つ現在、こうした流れはさらに強くなってきていると感じます。

たとえば、24年度現在、大学内の単位取得を伴う正課として、リーダーシップ科目を開講しているのは、私が把握している限りでも28大学ほどあります。

企業のリーダーシップ研修においても、「権限によらないリーダーシップ」のプログラムを採用するところが増えています。従来型の「権限者の心得としてのリーダーシップ」の研修に加えて、若い人にもリーダーシップを発揮してほしいといっている企業が増えているのです。

†すでに権限を持っている人からのニーズが増えてきたその理由

さらにここ数年は、権限によらないリーダーシップについて、当初予想していなかった層からのニーズが高まっています。すでに権限を持ち部下を持つ人たちの中で、権限によらないリーダーシップのスキルを身につけたいという人が増えてきているのです。

そのことに私が気づいたのは、2018年からWASEDA NEOで始めた社会人向けの「早稲田リーダーシップカレッジ」（旧称「21世紀のリーダーシップ開発」）という講座の受講生たちを見たときです。

実は開講を企画した際、教職員側の想定した受講生は、「権限を持たない若手のビジネスパーソン」でした。彼ら・彼女らが、権限を持たない立場のまま、どのようにしてリーダーシップを発揮していったらいいのかを学びに来るのだろうと予想していたのです。

ところが、いざ蓋を開けてみると、その予想はいい意味で裏切られました。受講生の約半数が、すでに権限も部下も持つ管理職の立場の人だったのです。この講座は現在、7年目を迎えていますが、この傾向は今もほぼ変わりません。

そして、彼ら・彼女らに受講動機を聞いてみると、大半の人が、「職場の上司という立場上の権限を使って若い部下を動かそうとすると嫌われ、最小限の協力しか得られず、このままでは成果が上がらない」と言うのです。

実際、彼らの部下の世代であるミレニアル世代（だいたい1981〜95年ごろの間に生まれた世代）や、Z世代（だいたい96年以降に生まれた世代）は、誰からも強制されずに自己決定したいという思いが強く、それゆえに「権限」を振りかざされることを嫌う傾向が強いとされています。

管理職の立場にいる受講生たちの多くから、「そうした傾向を持つ若い世代に、権限をなるべく使わずに動いてもらうにはどうすればいいのか？　それを知りたくて、「権限によらないリーダーシップを学びにきた」という発言が数多く聞かれるのです。

こうした状況を見るにつけ、権限を根拠にした20世紀型のリーダーシップは、今後ますます使いづらくなり、権限によらないリーダーシップが主流になっていくことが予想されます。

†具体的スキルである最小3要素とは？

ただここで先述した疑問、「そんなこと可能なのだろうか？」が再び頭に浮かんでくるのではないでしょうか。すでに述べたように「船頭多くして、船、山に登る」のことわざにあるように、参加する誰しもがリーダーシップを発揮してしまえば、組織が混乱するだけなのではないだろうか、と。

答えは「ノー」です。参加するメンバーそれぞれがリーダーシップのスキルを身につけていれば、そうした事態に陥るのを避けることができます。

そのスキルとは、大きく分けて「目標設定・共有」「率先垂範」「相互支援」の3つです。具体的には、その集団で達成する目標を共有し（目標設定・共有）、権限によらないリーダーシップのため誰かに命令することはできないので、まず自分でやってみせて（率先垂範）、さらにまわりに動きづらそうにしている人がいれば支援し、かつ自分からも「協力してほしい」と支援をお願いする（相互支援）、ということを日常的に行っていくのです。

これら「目標設定・共有」「率先垂範」「相互支援」の3つが過不足なく機能している集団のおいては、「船頭多くして、船、山に登る」という事態には陥りにくくなります。

そこで、私が大学生や社会人のみなさんに教えているのは、この3つのスキルです。これを私は「リーダーシップ最小3要素」と呼んでいるのですが、これらは練習次第でほとんどの人が相当程度まで身につけることができます。

私たちの授業ではこれらのスキルを、主にグループワークとそれに付随するフィードバックを通じて受講生たちに身につけてもらいますが、それをより実践的に、日々の仕事の中で習得していくノウハウを解説するのが本書の目的です。

第1章では「権限によらないリーダーシップ」がなぜ必要になったのかについて、5つの要因から解説していきます。

第2章では、「権限によらないリーダーシップ」が導入されることで組織がどう変わっていくのか、実際に事例を紹介しながら述べていきます。

第3章では、「権限によらないリーダーシップ」の肝である最小3要素について解説します。

第4章では、ご自分の職場において「権限によらないリーダーシップ」を実践する際のノウハウと注意点をお伝えします。

最後の第5章は、実際に権限を持っている管理職の人たち向けです。権限をできるだけ使わずに若い部下たちに働きかける方法のほか、部下たちのリーダーシップ開発のためのノウハウも紹介します。

†なぜ「権限によらないリーダーシップ」という言葉を使うのか？

近年、注目されているリーダーシップ理論に「シェアド・リーダーシップ」があります。これは、その集団において指示・命令を出す権限がある人（マネジャーなど）のみがリーダーシップを発揮するのではなく、その集団に属する誰もがリーダーシップを発揮いていく、という考え方です。つまり、その集団のメンバーでリーダーシップをシェア（共有）していくわけです。

本書でこれから解説していく「権限によらないリーダーシップ」は、「権限がなくてもリーダーシップを発揮してもいいよ」ということですから、結果としてこのシェアド・リーダーシップになっていきます。だから、権限によらない「リーダーシップ＝シェアド・リーダーシップ」ではあるのですが、あえて私は「権限によらないリーダーシップ」という言葉を使っています。

それには、「権限を持っていない自分でも、リーダーシップを発揮していいのだ」と、とくに若い人たちの頭にしっかり刻み込んでもらいたいという意図があるからです。実際、大学で教えていても、「私にはリーダーシップを取ってみんなを引っ張っていくなんてことはできません」という学生によく出会います。これは、結局のところ、20世紀型のトップダウンのリーダーシップ観に縛られているからです。しかし、現在、リーダーシップのあり方は多様化してきています。権限の有無に関係なくリーダーシップを発揮することが求められる場面も多くなってきていますし、また、リーダーシップを実践しながら誰でもそのスキルを磨いていくことができます。

それを「リーダーシップは苦手」と言う人たちに、あえて伝えたくて「権限によらないリーダーシップ」という言葉を使っています。

†コミュニケーション力やフォロワーシップとの違い

ちなみに、私が「権限によらないリーダーシップ」の言葉を使い始めて19年経ちますが、その間、この言葉が本当に適切なのかというご指摘を何度かいただきました。

中でも多いのが、「『リーダーシップ』とはそもそも権限や役職に紐づくものなので、『権限によらないリーダーシップ』は、『権限・役職によらない影響力』であり『リーダーシップ』という言葉を使うのは適切ではないのでは？」という指摘です。

たしかに20世紀型のリーダーシップにどっぷりつかっている場合、こうした指摘も「アリ」でしょう。そこでしばしば提案されるのが、「コミュニケーション力を考えたらどうなのか？」です。

たしかに、権限によらないリーダーシップの大半の部分はコミュニケーション力でカバーされるように見えます。実際、コミュニケーションの研究者によれば「真のコミュニケーション力とは『相手との関係性を悪化させることなく、反対意見を言える力』である」とのことで、この定義なら「権限によらないリーダーシップ」と極めて近いといえます。

ただ、「コミュニケーション力」といったとき、日本ではそれはビジネス用語として使われる際、別の意味が混入してきます。「接待力」です。

実際、「昭和」タイプの上司が部下に要求する「コミュニケーション力」には、「私が本当に言いたいことを察し、先回りしてくれる気配り」が入っていたりします。そのため、日本において「コミュニケーション力」という言葉をもって「権限によらないリーダーシップ」の代わりにするのは、大変心もとないというのが正直な思いです。

また、他の提案として「フォロワーシップとしたらどうか?」というのもあります。つまり、「『リーダーシップ』は権限者のものであるから、『権限のない人』はリーダーシップではなく『フォロワーシップ』を発揮する、というのでよいのでは?」というのです。

たしかに、「いいフォロワーシップ」とは権限者に対して、権限の有無に関係なく、言いづらいことをもタイムリーに伝えることです。そのため、「自分の権限の及ぶ範囲についてはリーダーシップを、及ばない範囲についてはフォロワーシップを発揮する」という具合に使い分けていくのであれば、権限によらないリーダーシップの目指すところと近いといえば近いでしょう。

ただ、いったんフォロワーシップという言葉が使われはじめると、中には「私は常時フォロワーシップがいい」と決め込み、一切リーダーシップを発揮せず、指示待ち専門になってしまう人が出てくる可能性があります（とりわけ日本ではそのタイプの人が続出するリスクがあります）。

これでは、権限によらないリーダーシップが目指す、「集団内のなるべく多くの人がリーダーシップを発揮していく」状態から大きくズレてしまいます。そうならないためにも、（とくに日本では）フォロワーシップも含めてリーダーシップと呼んだほうがいいと私は考えています。

私が「権限によらないリーダーシップ」という言葉にこだわり、使い続けているのには、こうした理由もあるのです。

†「権限によらないリーダーシップ」の実践はライフスキルになり得る

これまで、大学生については数千人、社会人については数百人に対して、権限によらないリーダーシップのスキルを指導してきました。

彼らからよくいただく感想に、「世の中の見方が変わった」というのがあります。中には、「ものすごく人間として鍛えられた」という人もいました。社会人向けの「リーダーシップカレッジ」の修了生の中には、「あそこに行くと、別人のようになって帰ってくるよ」と言って友人知人に勧めてくれた人もいたと聞いたときには、私自身、ビックリしたものです。

たしかに、権限によらないリーダーシップを実践していくためには、フィードバック力や自己理解力、他者理解力、目標設定力、問題解決力などを発揮することが求められます。そのため、リーダーシップの実践を通して、そうしたスキルを磨いていくことができます。

その結果、ある受講生が言うには、「自分の手足が伸び、声が遠くに届いていくかのように、段々と世代を超えてまわりを巻き込めるようになった」そうです。

たった一人では実現できなかったことも、まわりを巻き込んでいくことで実現の可能性が高まります。権限によらないリーダーシップのスキルが上がっていくに従い、これまでは「無理だ」と諦めていたことも、「まわりを巻き込んでいければ、決して実現不可能ではない」という信念を持てるようになります。

こうした言葉を、何人ものこれまでの受講生からもらいました。

こうした言葉を聞くにつけ、権限によらないリーダーシップは集団を強化していくだけでなく、個人に対してはライフスキルを向上させる力も持っているのだと実感しています。

昨今は「〇〇ガチャ」という言葉が若者を中心によく使われています。親にしろ、上司にしろ、自分ではその「環境」を選ぶことができないにもかかわらず、それによって明暗が分かれるという意味です。要するに「人生は結局、運だ」ということでしょうか。

しかし、そうした「運任せ」の発想はとてももったいないと思います。そして、権限によらないリーダーシップのスキルを使っていけば、ガチャでいったら「あたり」

という環境を、仲間たちと一緒につくっていくことが不可能ではないのです。

本書でこれから述べていくスキルやノウハウが、みなさんにとって、そういう形でお役に立てれば幸甚です。

第1章
今なぜ、必要なのか

†求められる5つの要因

この章では、いまなぜ「権限によらないリーダーシップ」が日本のさまざまな組織において求められるかについて述べていきます。

その要因としては、大きく分けて次の5つが挙げられます。

要因❶　冷戦終結以降、世界は予測不可能な時代に突入したこと
要因❷　激化する競争の中、各組織でイノベーションの促進が不可欠になったこと
要因❸　組織のスリム化によるプレイングマネジャーの急増
要因❹　パワハラ、セクハラへの監視が厳しくなったこと
要因❺　「自己決定」を重視するミレニアル世代やZ世代の出現

要因の❶と❷と場合よって❺は、今、世界中で起こっている現象です。一方、要因の❸と❹は、どちらかというと日本特有の状況といえます。それぞれについて具体的に見ていきましょう。

◇要因❶◇　冷戦終結以降、世界は予測不可能な時代に突入したこと

†VUCAの時代到来

まず要因❶です。

1989年の冷戦終結以降、世界中で、多くの人が予想もしていなかったことが次々と起こるようになりました。

そのきっかけとなったのがベルリンの壁の崩壊（89年11月）でしたが、そもそもあの「壁」が壊される日が来るなど、西側の人も東側の人も直前までまったく想定していなかったのではないでしょうか。その流れの中で、その後、ソビエト連邦（以下、ソ連）の事実上の支配化にあった共産国家がことごとく崩壊し、最終的にはソ連そのものも消滅しました（91年）。第二次世界大戦終結後、アメリカを軸とする西側と、ソ連を軸とする東側とが激しく対立する時代は突如として幕を閉じ、そのことは世界中の政治や経済、社会、軍事等に大きな影響を与えました。

そしてそれ以降、ベルリンの壁崩壊やソ連消滅クラスの、誰も予想していなかったような大きな変化が、世界中で頻発していくわけです。２００１年９月にアメリカで起こった同時多発テロ事件しかり、同じくアメリカで08年に起こったリーマン・ショックしかり。

記憶に新しいところでは、世界規模での新型コロナウイルスの大流行もまさにそうです。19年に中国で発生し、その後、一気に世界規模で感染が拡大し、20〜22年にかけて世界中の政治・経済・社会活動をストップさせましたが、自分が生きている間にこんな経験をするなど、多くの人は考えてもみなかったのではないでしょうか。

さらに、新型コロナウイルスの感染がいくぶん収まり、世界経済も回復に向かうのかと思ったら、今度はロシアとウクライナの戦争です。最近ではイスラエルとパレスチナやイランとの紛争も起きています。これらも、世界中の多くの人にとっては青天の霹靂だったと思います。

これらの出来事に共通するのは、多くの人がまったく予想もしていなかったということであり、それがあるとき突然起こり、その後、世界を激変させ、さらにはそこで暮らす人々の生活環境をも大きく変えていく、ということです。

たとえば、新型コロナウイルスの大流行の前と後とでは、世界中の多くの人たちの生活スタイルが大きく変化しています。

その最たるものがいわゆるリモート勤務でしょう。コロナ禍が一応収まり、多くの企業においてオフィス通勤の割合が新型コロナ前に戻ってきている印象がありますが、それでも企業によっては「基本はリモート」。例外的なときだけ対面」という、コロナ禍前には考えられなかったような変化が起こっています。

大学でも、出席する教員の数が多い会議の場合、オンラインでの開催が主になり、対面によるものはかなり減ってきています。こうした変化は「出張先からでも参加できる」という利便性がコストを上回るという判断によるものです。

大学の授業についても、コロナ禍においてはすべてがオンライン（同期型あるいは非同期型）での実施だったのが、現在、多くが対面に戻りました。それでも一部にはオンラインでの授業も実施されており、非同期型（オンデマンド）のものや、同期型と非同期型、あるいは対面とオンライン（同期型または非同期型）を組み合わせたハイブリッド型のものなど、実施形態はさまざまです。授業形態も、コロナ禍前に比べるとかなり多様化し、教員も学生も選択の幅が広がり、これまで以上に科目や受講生の特性に合わせた授業が展開できるようになってきているようです。

こうした予測不可能な出来事と、その後に次々と起こる激変を示す言葉として、ここ数年、ＶＵＣＡという略語がしばしば用いられています。これは（すでにプロローグでも触れましたが）、「変動しやすい（volatility）」「不確実な（uncertainty）」「複雑な（complexity）」「曖昧な（ambiguity）」という４つの言葉の頭文字を取った言葉です。

私たちはまさにこのＶＵＣＡの時代を生きているわけですが、その中で激変する世の中に翻弄されず生き残っていくには、変化に対する対応力が欠かせないスキルとなってきています。

†トップダウン型では時代の激変に対応しきれなくなってきた

このことは個人に限らず組織も同じです。

変化が激しく、しかも予測不可能なVUCAの時代において組織が生き残っていくためには、次の2つのことがはずせないと私は考えています。

①変化に強いこと

②イノベーションを起こせること

①から見ていきましょう。

VUCAの時代を生き残っていくには、まずなんといっても目まぐるしく変わる環境に対して、スピードをもって対応できる組織であることとです。

業界内の順位はどんどん変わっていきます。また、業界の壁が次々となくなっていき、いつの間にか、以前は異業種だった会社と同じマーケットで競争するケースも当たり前のように起きています。そして、激変する経済環境の中、そこについていけなければ倒産という結果もあり得ます。それが自分が働く会社で起こるかもしれませんし、これまで順調に取引していた会社で起こることもあります。

ここに挙げたような変化は、ＶＵＣＡの時代においては決して珍しいことではなくなっています。みなさんの中にも、程度の差こそあれ、自分が働く会社でこれらのことをすでに経験された方も少なくないのではないでしょうか。

こんな具合に環境が目まぐるしく変化する中で生き残っていくには、即断即決の対応が欠かせません。日本企業の多くはこれまで「現場が情報収集↓権限者への報告↓権限者の検討・決断↓権限者から現場への対応指示↓現場が対応」という流れで意思決定をしていました。しかし、ＶＵＣＡの時代においては、このやり方では、権限者からの指示を待っている間に、状況が刻々変化してしまい、対応が間に合わず……となってしまいかねません。それに気づかず、「じゃあ、次の手だ」と、現場に再び情報収集を指示し、これまでと同じ方法で意思決定をしていくようでは、どんどん市場からの後退を余儀なくされます。

こうした自滅パターンに陥らないようにするためには、権限者が現場に対してある程度、権限を移譲し、環境変化に対して現場の判断で即座に対応できる仕組みづくりが急務となっているのです。

◇要因❷◇　激化する競争の中、イノベーションの促進が不可欠になったこと

†イノベーション研究での興味深い結果

先述した通り、VUCAの時代を組織が生き抜いていくには、もうひとつ「②イノベーションを起こせること」が欠かせません。環境はめまぐるしく変化していき、しかも予測不可能な変化が次々と起こります。そうした中で競争に勝っていくには、イノベーションを促進し、ライバルから少しでも抜きん出る必要があります。

イノベーションに関して非常に面白い研究があります。その研究成果をまとめたのが、『イノベーションの理由――資源動員の創造的正当化』（武石彰、青島矢一、軽部大著／有斐閣／2012年）という書籍です。そこには、「リーダーシップ」という言葉はほとんど使われていないのですが、取り上げられているイノベーションの事例ではその実現において、本書で述べる「権限によらないリーダーシップ」が駆使されて

いるのです。

この研究では、「イノベーション＝革新的なアイデア創出」としてはおらず、そうして創出されたものが製品やサービスという形で企業によって商品化され、消費者に普及・浸透し、継続的事業として企業に売上や利益という経済成果をもたらすという一連のプロセスを「イノベーション」としています。

そうなると、商品化以降のプロセスでは「革新的アイデア創出を行った人」以外の人たちもこのイノベーションに大きく関わってきます。実際、多くの企業においてアイデアを創出する人と、それを製品化したり販売したりする人とは別です。さらには、アイデアを創出する人が、製品化や販売を行う人に対して命令する権限を付与されているケースはかなり少数です。

そのため、アイデアを創出した人（と、それを掌握する上位の人）は、それを製品化し、さらには販売にまで漕ぎつけるために、それらを担当する部門の人たちに動いてもらう必要があります。そこで、そうした部門と交渉したり、あるいはその企業内において大きな権限を持つ人たちと交渉し、彼らから命令を出してもらうという方法をとっていくことになります。

そのときにそこで活躍する人たちがそのように意識はせずに行っていることが、権限によらないリーダーシップとかなり近いのです。

†ボトムアップ型のイノベーションの裏に最小3要素あり

たとえば、この研究で取り上げられている事例には、現場において仕事の手が空いているときなどに取り組んでいたことが、やがて社内で公式に認められていったというケースがいくつかあります。

これらの事例に登場するメンバーたちの行動を、「権限によらないリーダーシップ」の視点で見直してみると、それを構成する「リーダーシップの最小3要素」（目標設定・共有、率先垂範、相互支援の3つ。第3章で詳しく解説します）が要所要所で実践されています。彼らはこの最小3要素を実践していきながら、権限のある人たちを説得し、彼らを動かし、会社の公式なルートに乗せていっているのです。

もちろん、そこで動いていた当事者たちは、「自分たちがリーダーシップを発揮している」とは意識していなかったでしょう。自分たちの会社の将来や日本の未来をしっかり考え、そのために自分たちの「このアイデア」を生かせないかとトライ&エラーを続けていたことが、結果的に最小3要素の実践となっていったのだと思います。

これは逆の見方をすれば、権限を付与されていない現場においても、何らかのアイデアがあり、その上で最小3要素を意識的に実践していけば、イノベーションを起こせる可能性はあるのだ、ともいえます。

ただ、下からの提案を好まないトップダウン型の組織では、最小3要素の実践は容易ではありません。中には社長自らその革新的アイデアを全面的に支持し、会社を挙げて製品化・販売を命じているような場合もあります。しかし、この研究を見ると、そういう場合でイノベーションを起こせるケースは非常に少ないことがわかります。

イノベーションが生まれやすい組織に変化していくためにも、現場のメンバーそれぞれが最小3要素の実践、つまりリーダーシップが発揮しやすい環境を整えていくことが求められているのです。

◇要因❸◇　組織のスリム化によるプレイングマネジャーの急増

†20世紀型のリーダーシップの限界

要因❶と❷は世界規模で起きている状況でしたが、これから述べる要因❸と❹は、日本の多くの組織が現在置かれている状況によって生じている要因です。

そのひとつが、プレイングマネジャーの増加です。プレイングマネジャーとは、その名の通り、プレイヤーとマネジャーを兼ねる立場の人たちのことです。

バブル崩壊後、世の中が急激に不景気になっていく中、日本企業の多くで、人件費削減のためのリストラが行われ、組織のスリム化が進んでいきました。その結果、少ない人材で事業をまわしていかなければならず、現場においてプレイヤーとして仕事をしながら、部下のマネジメント等のマネジャーの役割をも担わなければならない「プレイングマネジャー」という立場の人が増えていったのです。

その中には、もともとマネジャーで、人手不足のため現場のプレイヤーも兼ねている場合もありますが、一方で優秀なプレイヤーに、現場のマネジメントも任せるというケースも多く見られます。その役割には、部下の育成もあれば、現場でのさまざまな意思決定なども含まれます。

そして、後者のプレイヤーが現場のマネジメントも兼ねる場合、リーダーとしての経験がないまま現場のリーダーとして行動せねばならず、リーダーシップをどう発揮したらいいのかを右往左往しているケースが少なくないようです。

実際、プレイングマネジャーの場合、会社全体のヒエラルヒーからすると、限りなく現場に近いところにいる管理職です。そのため、十分な権限も付与されていませんし、そもそも現場のプレイヤーとして部下たちと一緒に働いているため、権限を根拠に指示・命令を出してもなかなかうまく行かないことも多いようです。

私が「早稲田リーダーシップカレッジ」で担当している社会人向け講座にも、こうした状況に陥っている受講生が結構います。そして彼らに受講動機を聞くと、そのひとつが、「権限がなくてもリーダーシップを発揮できるスキルを短期間で学びたい」ということだったりします。

権限をうまく使えなかったり、行使しづらかったりで悩む彼らからすると、20世紀型のリーダーシップ研修で「権限のもとでのよい命令の出し方」を学んでも、あまり悩みの解消にはならないようです。そこで、「権限によらずにリーダーシップを発揮する方法」を学べるというわれわれの講座に関心を持ってくださったというわけです。

◇要因❹◇ パワハラ、セクハラへの監視が厳しくなったこと

✝指示・命令とパワハラの境界があいまいに

さらに、日本においては近年、「権限そのものが使いづらくなっている」という現象も起きています。

社会においてセクシャルハラスメントやパワーハラスメント等に対する監視の目が厳しくなり、2016年からは各種ハラスメントを禁止する法律なども整えられていきました。その結果、権限を持っている人が権限を根拠に厳しい言葉を言おうものなら、「パワハラだ」と言われかねず、下手をすると裁判沙汰になりかねません。会社からも研修などを通して、「パワハラで訴えられると厄介なので、そう受け取られか

ねない厳しい言動や態度には十分に注意してください」と繰り返しいわれるようになっています。

20世紀型のリーダーシップにおいては、集団を動かしていくための主な手段は、「権限を根拠に指示・命令すること」でした。そのため、上司の立場にある人たちは部下に動いてもらうために、時に厳しい言葉を使うこともありました。しかし、今はそんなことをしようものなら「あの上司にパワハラをされた」と言われかねません。

つまり、今は指示・命令とパワハラの境界線が非常にあいまいになっていて、権限を持っている人たちがその権限を根拠に指示や命令を出しにくくなってきているのです。

一方で、会社からは「成果を出せ！」というプレッシャーがつねに加えられていきます。そのため、プレイングマネジャーなど現場を直接指揮する権限者たちは、その組織で自らが生き残っていくためには、成果を出していかないといけません。それだけではなく、今の時代は現場でどんどん成果を出していかないと、会社自体の存続も危うくなりかねません。

しかし、部下たちに、成果を上げるよう促そうとしても、パワハラのリスクがあります。そのため、これまでのように指示や命令で動かすこともなかなかできません。その結果、「いったいどうやって部下たちを動かし、成果につなげていけばいいのだろうか……」と頭を抱えている権限者が今の時代、増えているのです。

†「コーチング」との違い

そうした中で、「上司」という立場の人たちの間で高まっているのが、「権限をできるだけ使わずに、部下たちが自発的に動いてくれる状態にしたい。そのためのノウハウを知りたい」というニーズです。

昨今、リーダー向けの研修等で、「コーチング」技術の習得を採用する企業が増えていますが、これはまさにこうしたニーズによるものだといえます。コーチングでは、上司が一方的に指示や命令を出すのではなく、部下の意見の傾聴や質問、フィードバック等を通じて、部下のやる気を引き出し、目標達成に向けて自発的に行動することを促していきます。権限によるリーダーシップが発揮しづらくなっている今の世の中において、打ってつけのトレーニングだといえます。

ただ、コーチングだけでは、リーダーシップ研修としては完結しづらい面があります。まず、権限によらないリーダーシップの基本である「最小3要素」（詳細は第3章参照）のうち、「相互支援」の姿勢とスキルを養うのにコーチングはかなり効果がありますす。一方、「目標の設定・共有」や「率先垂範」を身につけていくには、コーチング単体では充分とはいえないのです。その意味で、リーダーシップを指導する我々の立場からするとコーチングは、権限によらないリーダーシップの実践力を磨くための強力なトレーニングの一技術という位置づけです。

また、「できるだけ権限を使わずに」と上司たちの要望を表現しましたが、実は権限を使うこと自体が通用しなくなっているのではなくて、リーダーシップ最小3要素を併用したほうが通用しやすい、あるいは併用しないと通用しないという面もあるのです。つまり、命令するのにも、その命令を通じて、上司と部下のあいだで共有できるどんな目標を達成しようとしているのかを説明し（目標設定・共有）、命令の実行に必要なリソースを与え（相互支援）、場合によっては始めの一歩を上司自らがやってみせる（率先垂範）ことなどの要素が加われば加わるほど、部下は「権限を使われた」という認識をしなくなります。このように、「リーダーシップ最小3要素」は権限のないリーダーシップにとってだけでなく、権限者にとっても、気持ちよく部下に動いてもらうために意識して使うことが重要なものなのです（後述、第3章）。

◇要因❺◇「自己決定」を重視するミレニアル世代やZ世代の出現

†「権限を使うと嫌われる」と悩む上司たち

要因❹で、「パワハラへの監視が厳しくなり、権限者が安易に権限を使いづらくなってきている」と述べましたが、権限が使いづらくなった理由はそれだけではありません。「ミレニアル世代」（だいたい1981〜95年ごろに生まれた世代）や「Z世代」（だいたい1996年〜99年ごろに生まれた世代）には通用しなくなっていることも挙げられます。

たとえば、私が担当しているリーダーシップカレッジでの社会人向け講座の受講生たちと話していると、「30代や20代の若手の部下たちが、簡単にはいうことを聞いてくれなくて困っている」という話が時々出てきます。

この30代、20代というのは、まさにミレニアル世代とZ世代の層にあたります。そしてしばしばいわれているのが、ミレニアル世代やZ世代は、何事にも強制されず自分で選択し決定するという「自己決定」を重視する傾向が強い、ということです。そのことは、実際に大学生を教えていて強く感じます。もっといえば、ミレニアル世代よりその下のZ世代のほうが自己決定に関して徹底しているように感じます。

こうした傾向を持つ彼らですから、権限だけを根拠に指示・命令を出しても、本人がそれに納得していないと、簡単には動いてくれません。動いてくれたところで「しぶしぶ動く」という程度になりがちです。

†「権限によらないリーダーシップ」は、ミレニアル世代やZ世代と相性がいい

さらに権限者にとって怖いのが、この世代の場合、離職への抵抗感が低い人が多い、ということです。仕事において自己決定できない状態が続けば、「この会社では自分

は成長できない」と早々に見切りをつけて辞めていってしまうのです。「石の上にも3年」という言葉は、この世代にとってはもはや死語といえるでしょう。

人口減少時代を迎えて、働く人材を確保することは、会社が生き残っていく上で必須です。企業にとってはできるだけ離職者を出したくない。とりわけ若い人には辞めてもらいたくない。そのため、多くの企業において、30代、20代の若手社員たちの離職防止対策は必須の課題となっています。リーダーシップカレッジの受講生たちも、そのための方策を求めて受講している人が少なくないようです。

そして、手前味噌ですが、われわれが提唱している権限によらないリーダーシップは、ミレニアル世代やZ世代とかなり相性がいいと私は思っています。

まず、権限によらないリーダーシップが実践されている職場で働くということは、彼らがもっとも嫌う「権限」によって動かされるということが少なくなります。また、権限を持たない立場の人にもリーダーシップを発揮すべく自発的に行動することが求められますから、自分で選択し決定する自己決定感を満たしていくことができるわけです。

メリットを享受できるのはミレニアル世代やZ世代だけではありません。彼らをマネジメントしなければならない権限者にとっても、権限をいきなり用いずに彼らのやる気を引き出し、成果目標を達成のために動いてもらいやすくなります。
まさに両者にとってWin―Winな状況をつくっていけるわけです。

†トップダウン型のリーダーシップの限界

以上が、権限によらないリーダーシップが今の世の中で求められる大きな要因です。まとめると、まず外部要因として、予測不可能なVUCAの時代に突入したことです。

そのため、目まぐるしく変わる環境に対してスピーディに対応でき、かつ変化していける組織でないと生き残れなくなってきました。さらに、変化の激しい市場において、トレンドは次々と変わっていくため、つねにイノベーションを起こしていくことが必須になってきています。

そして、これらを実現するには、これまでのトップダウン型の組織では対応しきれず、ボトムアップ型の組織へと変化することが求められるようになってきたこと、およびミレニアル世代やZ世代の出現です。

また、日本特有の内部要因もあります。それは、バブル崩壊後、長く続いた不況の中、組織のスリム化が進み、プレイングマネジャーが生まれたことや、パワハラやセクハラへの監視の目が厳しくなったことです。

これらの状況が重なり、すでに権限を持っている上司たちの多くが、権限を根拠にした20世紀型のリーダーシップを行使しづらくなりました。そこで、権限によらないリーダーシップへのニーズが高まってきているのです。

次の章では、権限によらないリーダーシップが実践されている事例を紹介するとともに、その実践によって組織がどう変わっていくのかについて解説していきます。

第2章 組織をどう変えるか

†「権限によらないリーダーシップ」とは？

ここで、権限によらないリーダーシップとはどのようなものかを、もう一度、確認してみましょう。

それは、ある集団において達成したい目標があり、そのために、そこに参加するメンバーそれぞれが、その役割において何らかの権限を持たないまま、リーダーシップを発揮していく、というものです。

一般的なリーダーシップのイメージは、たとえば会社組織であれば、「役職などに裏付けされた権限を持つリーダーが存在して、その人たちが権限に基づき、目標の達成に向けてその集団を引っ張っていく」というものではないかと思います。

一方、権限によらないリーダーシップでは、「権限の有無に関係なく、参加するメンバーそれぞれが必要に応じてその集団内で影響力を発揮し、目標の達成に向けて集団を動かしていく」です。

†うまく機能させる鉄則は、最小3要素の徹底

ただ、参加者がそれぞれリーダーシップを発揮するとなると、おのおのが自分の考えに基づいて勝手な動きをし、結果的に集団内が大混乱してしまうことも起こり得ます。まさに、「船頭多くして、船、山に登る」の状態です（指図する人《＝船頭》が多くて、場が混乱し、本来、目指していた目標からどんどんズレていってしまうことのたとえ）。

こうした事態に陥らないようにするために、われわれが提唱しているのが、リーダーシップの最小3要素（目標設定・共有、率先垂範、相互支援）の実践です。

まず、その集団において達成したい目標をメンバー同士で考え、それをしっかりと共有する（目標設定・共有）。その上で、その目標達成に向けての行動を、まずは自分がやってみせて見本を見せる（率先垂範）。それでも行動しづらそうにしているメンバーがいれば支援し、かつ自分からも協力してくれるように支援を依頼する（相互支援）。

この最小3要素の実践を徹底し、繰り返していくことで、「それぞれが好き勝手に行動し、混乱する」という事態を避けやすくなります。

†不測の事態においては、実践されやすい

以上で、権限によらないリーダーシップがどのようなものかはご理解いただけたかと思います。

ただ、そこでみなさんの頭の中では「参加者それぞれがリーダーシップを発揮するなんてことは不可能なのでは？」という疑問が浮かんでいるのではないでしょうか。

また、「最小3要素の実践というけど、簡単にできるものなのか？」と思う人もいるかもしれません。


しかし、権限によらないリーダーシップは、不可能なことでも、難しいことでもありません。それどころか、日常生活において、私たちは知らず知らずのうちに実践しています。もっとも実践されているのが、不測の事態に遭遇したときや、多くの人が困った状況を共有しているときなどです。こうした状況下では、そこに居合わせた人たちの間で、誰に命令されるでもなく、自然発生的に権限によらないリーダーシップが発揮されることが多々あります。

いくつか例を挙げてみましょう。まず、道端に倒れている人を、そこに居合わせた人たちで救護するケースです。

この場合、そこにいる人の多くが「この人をなんとかしなくては」と思うはずです。そのため、「この人を救護する」という目標が暗黙のうちに設定され、共有されます。そして、その目標達成のために、各人が誰に命令されるでもなく、お互いに言葉をかけ合いながら、その人を救護するための行動に出るでしょう（率先垂範）。さらに、お互いの行動を支援したり、あるいは自分の行動への支援をお願いしたりといったことも起こります（相互支援）。

いかがですか。こうした状況下では、自然と最小3要素が実践され、各人がリーダーシップを発揮できていると思いませんか？

次の例は、雪や台風、公共交通のストライキ等で電車がストップし、タクシー乗り場に行列ができてしまったという場合です。こうした事態になったとき、よく起こるのが、誰かの「相乗りしませんか？」の言葉がけをきっかけにして、そこに居合わせた人たちが声を掛け合う流れができていき、次々と相乗りのグループができ、気が付くと長蛇の列が解消される、という現象です。

これも、そこに居合わせた人たちがそれぞれにリーダーシップを発揮している状態です。

まずこうした状況下では多くの人が「早く帰りたい」と思っています。つまり、無意識のうちに目標設定・共有ができているわけです。そして、そのためには行列がスイスイと解消されていく必要があり、その手っ取り早い解決策が「相乗り」であることも多くの人が理解しています。

こうした雰囲気の中では、解決のための最初の一歩である「相乗りしませんか」の誰かの一言も意外にすんなり出てくるものです。そして、その一言が率先垂範となり、その後はそれぞれが声を掛け合い（この過程はまさに率先垂範と相互支援の繰り返しです）、相乗りのメンバーを見つけ、どんどんタクシーに乗り込んでいく、となるわけです。

†知らず知らずにあなたも発揮している

ここに挙げたのは、不測の事態や切羽詰まった状態での事例です。では、そうした「危機的状況」のときでないと、権限によらないリーダーシップは起こりにくいのでしょうか？　そうとは限りません。みなさんの日常生活においても実は知らず知らずのうちに起こっています。

それどころか、権限者とそれ以外というはっきりとしたヒエラルヒーが存在する会社等の組織においても、「権限のない人たちが必要に迫られ、互いに協力し合ってボトムアップで何らかの成果を成し遂げる」という事例は結構あります。ただ、それを「権限によらないまま、おのおのが自発的にリーダーシップを発揮し、成果を出した」とは認識されていないだけです。

私が担当している「早稲田リーダーシップカレッジ」では、受講生（すべて社会人）たちに自分たちの身のまわりで起こっている「権限によらないリーダーシップ」の事例探しを宿題として課しています。権限によらないリーダーシップの理解が浅いうちは事例探しに手間取っている様子ですが、理解が深まっていくにつれ、自分たちの組織の、しかもかなり近いところで、権限によらないリーダーシップが起こっていることに気づくようです。場合によっては、知らず知らずのうちに自分も実践していたことを発見し、びっくりしている受講生もいます。

ここで、受講生たちが発見した事例を紹介していきましょう。

〰〰〰〰〰〰〰〰〰〰〰〰〰〰〰〰〰〰

事例① Aさん

「私の属する営業部内において、ある社員の提案で「営業活動で困っていることは？」「営業活動において効率化できそうなものは？」というテーマで「目安箱」を設けることになりました（率先垂範、相互支援）。その結果、業務で困っていることや効率化できそうな意見が多数集まりました。

そこで、その中で解決が急がれるものを2つ選び、それぞれに解決のためのプロジェクトチームを立ち上げることを決定。各チームのメンバーを募集することにしたところ、部内の半数以上のメンバーが自主的に立候補してくれました。

これには立ち上げる側にいたメンバーたちは大いに驚かされたのですが、これだけメンバーが集まった背景には、「メンバー間でのコミュニケーションの機会を増やし、お互いが持っている情報をシェアすることで、もっと効率的に業務を行えるようにしたい」という共通の目標があったことが大きいと考えられます（目標設定・共有）。

その後、各プロジェクトでの取り組みを通じて（メンバー間の率先垂範と相互支援の繰り返し）、業務効率化のために外部のサービスを活用したいくつかの仕組みが導入されていきました。

事例② Bさん

近年のレンタルオフィス需要の高まりを受けて、不動産賃貸を扱う部門の入社15年目の社員の発案で（率先垂範）、自社が保有するビルでのレンタルオフィス事業を数年前にスタート。事業開始にあたっては単なる空きスペースの活用ではなく、「企業も人も健康に豊かに働くことができる場所」という理念を掲げ、それをよく理解しているメンバー6名を選出（目標設定・共有）。そのチームで理念に沿った店名や室内のレイアウトなどについて検討を重ね、開業にこぎつけました（相互支援）。

開業が新型コロナの大流行と重なり、当初は苦戦を強いられましたが、チーム全員が市内全域でポスティングするなど販促に取り組んだことで、認知度がアップ。それに伴い稼働率も徐々に上昇していきました。その結果、今では市内の数あるレンタルオフィスの中でも高い利益率を誇るまでになっています。

〰〰〰〰〰〰〰〰〰〰〰〰〰〰〰〰〰〰〰〰〰〰〰〰〰〰〰〰〰〰

これらの事例を読まれて、みなさんの中には、「えっ、これが権限によらないリーダーシップの実践なの？　こうした事例だったら、うちの会社にも結構あります」と驚いている人もいることでしょう。リーダーシップカレッジの受講生たちも、自社の事例探しをしてみることで、権限によらないリーダーシップが身近に感じられるようで、「意外に誰にでもできそうですね」とか、「あれでいいんですね」という感想がよく聞かれます。

†「権限によらないリーダーシップ＝権限をなくす・減らす」ではない

そして、これらの事例から、もうひとつ、重要なことに気づくのではないでしょうか。それは、権限によらないリーダーシップの実践は、「組織の中の権限をなくすこと・減らすこと」を目指しているわけでなく、権限は維持される、ということです。「権限によらないリーダーシップ」という言葉から、「職場から権限がなくなる」と捉えられてしまうことが少なくありません。そのため、「そんなものをうちの会社に導入したら、混乱をきたすだけだ」と、とくに権限ある立場にいる人たちから拒否されてしまうことが多々あります。

しかし、権限によらないリーダーシップは、会社等の組織に存在している権限を否定するものではありません。両者は対立するものではなく、共存し、互いに補完し合うものです。

ただし、権限を持っていない人たちに、「上司からの指示や命令で動くだけでなく、必要に応じて自発的に動いてもいいよ」ということを許容するわけですから、当然、それを許容する権限者の役割も変わっていきます。

まず、権限だけを根拠にした指示・命令を出す頻度はこれまでより減っていくでしょう。それに代って、権限を持たない人がリーダーシップを発揮できるように「支援」し、期限までにどの案を実行するか「決定」し、かつそれによって生じた結果に対して「責任を引き受ける」ということが、権限者の重要な役割になっていきます。

なお、権限によらないリーダーシップが実践されている組織において、権限者に求められる役割については第5章で解説します。

†成果志向×心理的安全性から見た組織の4タイプ

次の図は、心理的安全性の提唱者であるエイミー・C・エドモンドソン（ハーバード・ビジネススクール教授）が作成した図（『恐れのない組織』英治出版）をベースに、私が心理的安全性と成果指向という指標で作成したマトリックスです。なお、各ゾーンのネーミングについては、石井遼介氏の『心理的安全性のつくりかた』（日本能率協会マネジメントセンター）も援用しています。

このマトリックスでは成果志向と心理的安全性それぞれの高低を組み合わせた場合に、どのような特徴の集団になるのかを大きく4つのゾーンに分類しています。

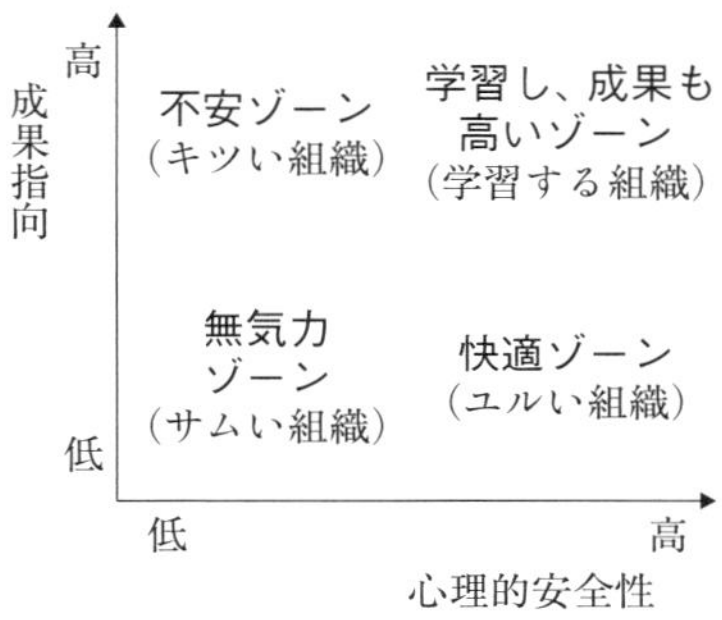

縦軸の「成果指向」とは、その集団が達成したい「成果（目標）」を明確にし、集団全体でそこを目指していく、ということです。一方の横軸の「心理的安全性」とは、自分が何らかの言動を発しても、その場での関係性が悪化しない状態のことをいいます。その傾向が強い集団ほどこの図の右側に行き、逆にその傾向が弱い集団ほど左にいきます。権限によらないリーダーシップが集団においてうまく機能していて成果指向も高ければ、その集団はこの図では右上の「学習する組織」へと変化していることが期待できます。

横軸の「成果指向」においては、そもそも権限によらないリーダーシップとは、その集団の達成したい目標を設定しかつ共有し、その達成を目指していくものですから、権限によらないリーダーシップがうまく機能していれば、おのずとこの図の上側に行きます

そして、権限によらないリーダーシップがうまく機能している集団においては、最小3要素（目標設定・共有、率先垂範、相互支援）がしっかりと実践されているはずです。ということは、権限のない立場で、「これをやりましょう」と提案したり、そのためにまず自分が行動したり（率先垂範）、まわりのメンバーをサポートしたり、逆にサポートしてもらったり（相互支援）ということができやすい状況になっているわけです。

つまり、最小3要素のどれを実践しても、権限者から「権限もないくせに余計なことをするな」と叱られたり、「出る杭は打たれる」とばかりに先輩や同僚から妬まれたり煙たがられることにはなりにくい。これは心理的安全性が確保されている状態です、そのため、権限によらないリーダーシップが発揮しやすい集団であればあるほど、

この図の右側に位置することになります。

いかがでしょうか。「権限によらないリーダーシップを集団においてうまく機能している集団・組織」＝「学習する集団・組織」となることがご理解いただけたのではないでしょうか。

†学習する組織ではイノベーションが起こりやすい

学習する組織というのは、その名の通り、失敗からも成功からも学び、成長していきます。成果を上げていくには、新しいことをいろいろ試みていく必要があります。そして、何かを試みれば、そこには失敗はつきものです。心理的安全性が高い集団というのは、そのことを理解し、失敗を許容します。

学習する組織の場合、失敗を許容するだけではありません。ここに該当する組織は成果志向も高いため、目標達成のために失敗から学び、さらにその学びを集団内で共有し、次の新しい試みに生かしていきます。こうした試行錯誤を繰り返しながら、学習する組織は成長し、目標達成に近づいていけるのです。

さらに、学習する組織からはイノベーションが生まれやすいともいわれています。そもそもイノベーションのきっかけに「衝突」が大きく寄与することは、イノベーションに関するさまざまな研究において指摘されています。

ただ、衝突は関係性の悪化というリスクがありますから、それを避けたいと思う人も多いことでしょう。また衝突の原因となる自分の意見やアイデアに対する異論や反論は、言われた側にとっては「いつも快適」というわけにはいきません。

学習する組織であるための必須条件である「心理的安全性の確保」は、そうした衝突のマイナス面をできるだけ少なくしていくのに有効であり、さまざまな工夫により「衝突しても平気」という環境を創り出していきます。それゆえに、イノベーションも生まれやすくなるわけです。

†あなたの職場はどのタイプ？

ただ、現状では「うちの職場は『学習する組織』とはほど遠い状態だ……」と悩んでいる人も少なくないと思います（だからこそ、この本を読んでくださっているのでしょう)。みなさんの職場は、67ページの図に当てはめると、どのあたりに位置しそうですか?

ここで、「学習する組織」以外の組織についても、その特徴を紹介しておきましょう。

◆無気力ゾーン〈サムい組織〉(左下)

成果志向も心理的安全性も低い組織です。自分に割り振られた仕事をこれまで通りのやり方で粛々と続けていることが「よし」とされ(成果志向が低い)、逆に、「このままではダメだ」と何か工夫でもしようものなら、権限者から「余計なことをするな」と圧力をかけられます(心理的安全性が低い)。

こうした組織ではメンバーが「事なかれ主義」に陥りがちですから、もっとも権限によらないリーダーシップが起こりにくいといえます。というより、目標設定そのものが低いので、そもそもリーダーシップが不要だともいえます。

◆不安ゾーン〈キツい組織〉(左上)

こちらは、成果指向が高い一方で、心理的安全性が低い組織です。権限者から「結果」を出すことをつねに求められ、結果を出せば優遇されるものの、そうでなければパワハラ的な圧力をかけられることもあり得ます。

また心理的安全性が低いため、当然ながら、失敗は許容されません。そのため、メンバーの間では「失敗しないこと」が最優先となり、新しいことに挑戦するという状態にはなかなかなりません。その意味で、イノベーションが起こりにくい組織だといえます。

権限を根拠にしたトップダウン型のリーダーシップが根強く残っている場合が多く、権限によらないリーダーシップがもっとも否定されやすい組織かもしれません。ただ、何かの必要性から心理的安全性の確保に動き始めれば、そこから一気に学習する組織に変化する可能性を持っているともいえます。

◆快適ゾーン〈ユルい組織〉(右下)

心理的安全性は高いものの、成果志向が低いため、職場の雰囲気は一見いいのだけど、一向に業績が上がらないというタイプの組織です。

「生産性の高い組織は心理的安全性が高い」という最近のトレンドを捉えて、それを自分の組織でも実践しようとした場合に、陥りやすい現象ともいえます。心理的安全性の確保にばかり意識がいきすぎてそれが確保された状態に満足してしまうため、「生産性を高める」という本来の目的が忘れられ、一向に成果が出ない状態になってしまうのです。

心理的安全性を高めただけでは、生産性の高い組織になれません。なぜかというと、そこでは失敗は許容されるものの、成果志向が希薄なので、失敗から学んで次につなげようとしないからです。そのため、一向に改善が進まないのです。

ただ、このタイプの集団は、心理的安全性が高いぶん、権限によらないリーダーシップを受け入れやすいともいえます。そのためには、その組織が達成したい目標を明確にし、それに向けて動き出せるようになったときには、一気に学習する組織に変化していくことが期待できます。

なお、「タイプ」と表現したものの、それぞれの境界がはっきりとあるわけではありません。その意味でタイプ分けそのものではなく、以下にあげるような「移動」こそが重要なのです。「いまキツい面があるから、もっと『学習する組織』のほうに行かねば」というようにです。

†学習する組織に変化していくには……

みなさんの組織がいずれの状態にあっても、「学習する組織」に変化していくことは不可能ではありません。そこで、71〜73ページで挙げた3つの組織が、学習する組織に変化してくには、何が必要かについて述べていきましょう。

その場合に重要な役割を果たすのが、権限によらないリーダーシップと、権限者のリーダーシップとの両方です。

①「キツい組織」から「学習する組織」へ

キツい組織から学習する組織に移行するには、心理的安全性を強化していけばいいのです。ところが、その組織がイノベーションを生み出さなくても、従来と同じことを、従来の方法でエラーなく繰り返していれば成果が上がっていて、その状況がずっと継続しているのであれば、心理的安全性を強化する必然性は薄いといえます。

こうした組織が心理的安全性を強化し学習する組織に変化する必要性に駆られるのは、たとえば、次のような場合です。

＊何らかの理由でその業界への参入障壁が下がり、強力なライバルが現れるなど、市場の状況が大きく変化し、イノベーションを促進せざるを得なくなった

＊「キツい組織」に嫌気がさして離職率が上がり、人手不足の状態に陥った結果、従来のやり方を維持することすら難しくなってきた

こうした状況に陥った場合には、「学習する組織」になることを目指して心理的安全性を上げるほかなくなります。その際、まず重要になるのが権限者（管理職）のリーダーシップです。

なぜなら、こうした組織ではたいてい「部下からの提案は歓迎されない」という前例が続いてきたはずなので、管理職の側から「これからは違う」という姿勢を部下たちにはっきりと示さない限り、なかなか部下からの提案は出てこないからです。そのためにも、心理的安全性の高い職場を目指すべく、管理職の側がまず考え方と行動を変えていく必要があります。それができない管理職には交替してもらうというくらいの取り組み方をしないと、心理的安全性の高い職場は実現できないと思います。

②「ユルい組織」から「学習する組織」へ

ユルい組織と学習する組織の違いは、成果指向についての強弱です。成果指向が低く、その結果、成果が上がらない状態が続いている場合、通常であれば、その集団・組織は長期的には存続が危ういはずです。しかし、中にはそうならずに済んでいるユルい組織もあります。たとえば、規制や特許などによってライバルとの厳しい競争から守られているようなケースです。

そして、こうした集団・組織の場合、現在は快適な状態なので、そこにいるメンバーのほとんどが基本的には変化を望んでいないということでしょう。ただ、そういう集団・組織であっても、何かをきっかけに「この快適さが持続しないかもしれない」という危機感が生まれたときには、「変化は必要ない」とも言っていられなくなります。

そんなとき、ユルい組織の場合、心理的安全性は高いので、「今、我々は危機的な状況にある」と言い出すこと自体のリスクは低く、言い出す人が権限者でないケースも十分に起こり得ます。

問題はその後です。ユルい組織が学習する組織に変わっていくには、そこにいるメンバーの間で危機感が共有されることが必要です。しかし、ユルい組織の場合、そのユルさに慣れ切ってしまい、「危機なんてない」と考える（考えたい）楽観派の人々が存在しがちなのです。この人たちにも危機感を共有してもらえる状況をつくっていかないと、改革が遅々として進まないという状況に陥ってしまいかねません。

そのためにも、権限者のリーダーシップだけでなく、権限によらないリーダーシップを使っていくことが不可欠で、この2つのリーダーシップが連携し、できるだけ多くのメンバーを改革に巻き込んでいくことが、「学習する組織」に変化していくための鍵になると思います。

③「サムい組織」から「学習する組織」へ

サムい組織の場合は、①と②で述べた内容の両方を組み合わせて改革を行っていく必要があります。

つまり、権限者のリーダーシップを中心に心理的安全性を上げていき、一方で、権限者のリーダーシップと権限によらないリーダーシップが連携して、できるだけ多くのメンバーを集めて改革を推進していく。

そもそもサムい組織なので、この2つを同時に進めることは厳しいですから、①と②の内容のどちらかを優先して進めていくしかありません。しかし、どういう順番であれ、学習する組織に変化するには、最終的に①と②の両方が必要であり、当然ながら難度の高い経路だといえます。

第3章

身につけるために必要なこと

†機能するために不可欠な3要素

この章では、権限によらないリーダーシップを日常的に実践していくためのスキルとなる最小3要素について解説していきます。

権限によらないリーダーシップとは、権限の有無・強弱に関係なく、誰でも発揮できるものです。その場合には、少なくない人が懸念する通り、個々人が自分勝手な行動に出てしまうリスクは当然あります。序章や第2章ですでに触れましたが、「船頭多くして、船、山に登る」の状態です。

そうした事態に陥らずに権限によらないリーダーシップをうまく機能させるための方法が、次の最小3要素をつねに意識し、日常的に実践していくことにあるのです。

◇要素❶ 目標設定・共有
◇要素❷ 率先垂範
◇要素❸ 相互支援

これらの3つは、ジェームズ・M・クーゼスとバリー・Z・ポズナーの2人の研究者が提唱したリーダーシップの5つの要素（①模範となる ②共通のビジョンを呼び起こす ③プロセスに挑戦する ④人々を活動できるようにする ⑤心を励ます）を、私が3つに簡略化し、後述する「変革型リーダーシップ」（120ページ参照）との関連を明確化したものです。

要素❶「目標設定・共有」とは、ある集団において、「これを実現しよう」「この問題を解決しよう」と多く人が考えている課題を目標として設定し、かつその達成を目指すことをメンバーで共有していくことです。

次の要素❷「率先垂範」とは、集団内で共有した目標を達成するための行動を、まず自分が行い（率先）、それによってまわりのメンバーに模範を示す（垂範）ということです。

権限を使って集団を動かしていく場合、権限者であれば自分は動かずに、部下等に指示・命令をして動いてもらうことが可能です。一方、権限をできるだけ使わない、もしくは権限がないので使えないという場合、他のメンバーに対してこうした動かし方はできません。そのため、まずは自分が率先垂範することで動き、それによってまわりに影響を与え、行動を促していく、というわけです。

最後の要素❸「相互支援」ですが、読んで字のごとく、お互いに支援し合う、ということです。他のメンバーが行動しやすいように支援したり、逆に自分が行動するときに、スムーズに動けるようにまわりから支援してもらったりする、ということです。

†あなたのまわりの「事例探し」をしてみよう

「はじめに」ですでに触れた、社会人向けの早稲田リーダーシップカレッジでは、受講生たちに「権限によらないリーダーシップ」の事例探しを宿題として課しています。これには、最小3要素がどんなものなのかをしっかりと理解し、かつ慣れていただく意図もあります。

そこで本書をお読みのみなさんにも、ぜひこの「事例探し」をお勧めしたいと思います。

その方法ですが、まずみなさんの属する組織で「成果」と呼べるものの中から「これは権限によらないリーダーシップが発揮されていそうだな」と感覚的に感じたものを、いくつか選びます（ボトムアップ的にあるいは部門横断的に進んでいった事例に注目すると見つけやすいかもしれません）。

そして、それらの事例について、どのようなプロセスで進んでいったのかを時系列で書き出し、それを3要素に分解していきます。うまく最小3要素に分解できるのであれば、その事例は権限によらないリーダーシップの実践によるものだといえます。

事例探しは3要素を理解し、慣れるための訓練になるだけでなく、自分の属する集団で権限によらないリーダーシップを実践したいと権限者に提案する際の説得材料としても活用できます。

実はこれは、我々のリーダーシップカレッジの受講生が実践している方法でもあります。我々の講座では最終課題として、受講者自身が所属する組織で、権限によらないリーダーシップに関連する研修を企画提案していただくことになっています。その際、宿題の「事例探し」で取り上げたものを具体例として提出すると、所属する組織の権限者たちに「権限によらないリーダーシップとは何ぞや」ということを理解してもらいやすくなるそうです。

†目標設定・共有は、他の2要素より早い段階で起こるとは限らない

さて、話を最小3要素の解説に戻しましょう。

最小3要素は、❶目標設定→❷率先垂範→❸相互支援という順番で進むわけではありません。いろいろなパターンがあります。

たとえば、目標設定・共有が「いつでも最初に起こる」というわけではありません。率先垂範でいろいろ動いてみてから、目標設定・共有に至り、そこからまた率先垂範と相互支援を繰り返す……というケースもあります。

場合によっては、最初に目標設定・共有を行ったものの、実際に率先垂範・相互支援で動いてみたところ、目標を変更したほうがいいということがわかり、再度、目標設定・共有をし直すこともあります。

また、率先垂範と相互支援が同時に起こったり、順番が入れ替わったりということもよくあります。

ただ、リーダーシップとは、その集団において「達成したい目標」が存在することが大前提です。というより、そうした目標がないのであれば、そもそもリーダーシップを実践する必要はありません。

たとえば、その集団において、とくに工夫もせずに今まで通りやっていれば成果が上がるという場合、とりたてて新しい目標を設定する必要はありません。各人が自分に割り振られた業務を粛々とこなし、従来通りのやり方を続けていくのがベストです。

一方、こうした集団でも、これまで通りのやり方では成果がまったく出なくなり、何らかの変革が必要になってきたならば、リーダーシップの出番です。状況を改善するために、何らかの目標を設定することが求められるようになるからです。

このように、達成したい・達成しなければいけない目標があって初めて、リーダーシップが必要になってくるわけです。そのため、どのようなパターンであっても、目標設定・共有なしにそのまま行くということはありません。

†3要素は全体としてひとつでも欠けると、うまく機能しなくなる

さらに、最小3要素について、忘れてはいけない重要なポイントがあります。それは、これらの最小3要素のひとつでも不足すると、権限によらないリーダーシップがうまく機能しなくなる、ということです。だからこその「最小」、せめてこの三つ、なのです。権限によらないリーダーシップは、最小3要素の行動を1セットとして、(分担でもいいので)実践されてはじめて、うまく機能するのです。

実際、確実に成果を出している集団というのは、これらの最小3要素が集団内において不足なく実践されるように、メンバーそれぞれが気を配っています。その結果、メンバーそれぞれが3要素のどれかを実践しつつ、全体としてつねにこの3要素が機能している状態になっています。

もちろん、集団の中には、率先垂範も相互支援もそれぞれ、得意な人もいれば、不得意な人もいます。ざっくりいうと、率先垂範が得意なのは、いい意味で失敗をあまり恐れずに行動できるタイプの人です。「これをしたら、上司に余計なことをするなと叱られる」とか考える前に体が勝手に動いてしまうタイプが含まれます(もちろん

全部分かった上で確信して率先垂範する人もいます）。逆に、まわりの空気を読むのが得意だったり、「浮く」ことを恐れてしまう慎重なタイプは、率先垂範に抵抗感を持つ人が多いようです。

相互支援の場合、「支援」は優しいタイプの人であれば自然にやっていたりします。しかし、このタイプの人が必ずしも「支援される」のが得意なわけではありません。また、「人に頼らず、自分で処理しなければ」という思いが強いタイプにも「支援される」のが下手な人が多いようです。

権限によらないリーダーシップをしっかりと機能させていくには、こうしたお互いの得意・不得意を把握した上で、それぞれが適材適所で役割を担える形にするのが理想でしょう。さらに、現状で3要素のうち不足しているものは何かをメンバーそれぞれが観察し、不足しているものがあれば、自分から進んでその要素を実践する（率先垂範）、あるいは、まわりの人が実践しやすくなるように働きかける（相互支援）……といった行動も重要です。

†最小3要素は権限者のリーダーシップでも効果的

ちなみに、この最小3要素は、権限によらないリーダーシップ限定のスキルではありません。権限のある人がリーダーシップを発揮する場合にも有効です。

実際、第1章で述べた通り、今はパワハラに対する監視の目が厳しくなっており、権限を使って人を動かすことが難しくなってきています。また、自己決定を重視するミレニアル世代やZ世代の存在が多くの権限者を悩ませています。この世代（20～30代）の場合は、いきなり権限を使われると渋々と動くような傾向があるといわれています。

こうした状況を打開するスキルこそが、最小3要素です。権限者自らが、職場において目標設定・共有、率先垂範、相互支援の最小3要素を実践していく。そのほうが指示・命令だけで動かそうとするよりも、はるかに部下たちの納得感を高め、彼らの意欲や行動をより効果的に引き出していけます。

ただ、率先垂範は、部下と同じように働いてしまうと上司としての仕事に手が回らなくなりかねませんから、最初の段階だけでいいでしょう。また、量的な理由だけでなく、中身についても、部下の仕事と上司の仕事に全く共通部分がないこともあります。そのように「上司は部下の仕事の詳細を把握していない」場合も往々にしてあることなので、そもそも率先垂範が不可能なこともあります。その意味では、最小3要素のうち、上司は目標設定・共有と、(率先垂範は可能な場合に限ってちょっとだけでも行って)あとは相互支援に回るのがよいでしょう。つまり、部下たちが権限の有無、大小に関係なくリーダーシップを発揮しやすいようにサポートしていくことです。つまり、権限者自らが積極的にリーダーシップを発揮するよりも、支援的な関わり方によって「部下たちのリーダーシップを引き出す」ことに力点を置くのです。

早稲田リーダーシップカレッジの受講生からも、部下たちを引っ張っていくのではなく、支援的に関わり、彼らのリーダーシップを引き出すというスタンスに変えたことで、成果が上がったという声を聞きます。

たとえば、学校で管理職の立場にいらっしゃる受講生のケースです。

以前は、ご本人曰く、すぐにカッとなる瞬間湯沸かし器タイプのリーダーだったそうで、そのせいで部下たちの意欲を減退させてしまいがちだったといいます。それが、われわれの講座を受講したことで、上司としてそのあたりの配慮が足りなかったことを痛感し、支援的な立場にまわって部下たちのリーダーシップを引き出していけるように努力を続けることができたそうです。

その結果、部下たちとの関係もよくなり、かつ上司から指示・命令がなくても自発的に動ける人が増えたといいます。結果的にそれまで懸案事項だった課題のいくつかを解決できるようになったそうです。

これは、権限者が支援的に関わることで、部下が積極的にリーダーシップを発揮できるようになったという好例でしょう。そして、こうしたことを起こすことはどの集団においても可能なのです（なお、権限によらないリーダーシップを権限者がどう活用していくかについては、第5章で解説します）。

†メンバーで共有できる目標を見つける難しさ

ここからは、目標設定・共有について解説します。

先述した通り、権限によらないリーダーシップは、その集団において達成したい目標があってこそのものです。

にもかかわらず、その集団で共有し合える目標を設定するのは実際のところ、簡単ではありません。

第2章で、緊急事態や多くの人が困った状況に陥っているときなどには、そこに居合わせたメンバーの間で権限によらないリーダーシップが発揮されやすいと述べました。そこにいるほとんどの人が「この現状をなんとかしたい」と思っており、「なんとかしよう」という思いを共有しやすいからです。

ところが、平常時の場合、なかなかそうもいきません。第2章で挙げた「タクシーの相乗り」（59ページ）の例にしても、たしかに相乗りしたほうが効率的です。しかし、平常時、ちょっと待てば1組1台で乗れる状況のときに、「相乗りをして、もっと早く列を解消しよう」という目標を、そこに並んでいるメンバー間で共有するのは難しいと思います。

私たちの日常においては、そこにいるメンバーの多くが強い意志をもって共有できる目標を見つけるのは、なかなか難しいのです。

それでも、会社の場合は、「利益を得る」ということがそもそもの大目標になっている場合が多いので、そこに照準を合わせた目標を設定していけば、社員たちの間である程度共有していくことができるでしょう。これは、なんらかの目指すゴールを持つ公共の組織や学校などでも同じです。

ただ、そうはいっても、そこで働く人たちの思惑はさまざまです。また、職場に対するコミットメントの強度も人によって異なります。

たとえば、「残業はしたくない」という人もいれば、残業代を当てにしている人もいます。もし「残業代を減らす」が目標として設定された場合、後者の人たちに共有してもらうのは簡単なことではありません。

さらに、そこにはいろいろな思惑があり、人間関係の微妙な力関係も影響します。ある人が職場全体にとってよかれと思って改善案を提案したとしても、中には「それを達成したときに、もっともメリットがあるのはあなたじゃないの?」と突っ込んでくる人がいるかもしれません。改善案の内容そのものには賛成でも、提案した人が嫌いなので、同意しないという場合もあるでしょう。

目標設定においては、こうした個人的な感情や利害を乗り越え、集団内のできるだけ多くの人が共有し得る状態にする必要があります。それが決して簡単なことではないことを、みなさんも自分の経験からかなりリアルにご理解いただけるのではないでしょうか。

†身の回りの「解決したいこと」をまず目標として設定する

そんなとき、目標設定・共有のヒントになるのが、先ほどの「緊急事態や多くの人が困った状況に陥っているときのほうが目標を共有しやすい」ということです。

つまり、今、みなさんの職場においての困り事や、これを解消もしくは解決していかないと、この先ますます状況が悪化しかねないという問題などを見つけて、それをよりよい方向に改善していくことを目標として設定するのです。

みなさんの職場におけるそうした「困り事」探しをするにあたって、多くの人が不満に思っていることに目を向けてみてはいかがでしょうか。

私が担当するリーダーシップの講義では毎年必ず学生や受講生に伝えるようにしているのが、次の言葉です。

不満を苦情として伝えるのは消費者
不満を提案に変えて行動し始めるのがリーダーシップ

職場での不満を給湯室や飲み会や、今の時代であれば仲間内でのSNSやチャットなどで愚痴っているのは、単なる不満を吐きだす「消費者」です。一方、そうした不満を解消すべく権限者に対して「こう改善してみてはいかがでしょうか」と提案し、「そのために必要ならば、私もお手伝いします」と申し出るといった行動に出た場合は、それがリーダーシップのはじまりです。

その提案の実現が目標として設定され、かつメンバーで共有される（目標設定・共有）。

その達成に向けてメンバーたちがどんどん自分から行動していく（率先垂範）。

さらに、その際にまわりのメンバーに支援してもらう、あるいは、他のメンバーが行動するときに支援する（相互支援）。

こうした動きが活発に起こっているとき、その集団内ではリーダーシップが機能していることになります。

したがって、たとえば、職場の人とのランチや飲み会の席、チャットツールなどで、誰かが職場に対する不満を口にしたときは目標設定のネタを発見できるチャンスです。「わかる、わかる」と一緒になって愚痴っているだけではもったいない。その不満の大本がどこにあるのかを探り、それではどうすれば解決できるかを考え、そこから目標を決めていくのです。

これなら、意外と気楽にはじめられそうだと思いませんか？　実際に気楽にはじめていいのです。

「目標設定」というと難しく考えがちですが、自分でバーを上げないことです。日々、仕事をしている職場について、「こうなれば、もっと楽しく過ごせるのになあ」とか、「もっとこうなってほしい」といった思いを目標として設定すればいいのです。逆に、立派な目標を立てようとすると、なかなか前に進めなくなります。

†「全体に貢献する」という要素は必要

ただし、どんな不満も提案に変えればいい、というわけでもありません。提案には「組織（職場）全体に貢献する」という要素が必須です。実際、限られた人にしかメリットがない提案を、集団のメンバーみんなで取り組む必要はないですし、そもそもそうした提案をもとに目標設定しても、なかなか共有できないでしょう。

そして、共有できない状況になってしまうと、否定派という存在を生み出しやすくなります。そうなると、目標達成以外のところにエネルギーを使わざるを得なくなり、それで集団がどんどん疲弊していくことになりかねません。

こうした事態を極力避けるためには、設定する目標が「みんなの目標」になり得る必要があります。みんなの目標とは、「集団の目標を達成することで、その集団の改善が進むだけでなく、個人にもリターンがある」というものです。つまり、集団と個人とがＷｉｎ－Ｗｉｎな関係になれる目標です。

これは、集団と個人が「折り合う」というのとはまた違います。「折り合う」の場合は、「集団のリターンは6割、個人のリターンは4割」という具合に、1枚のパイを取り合うイメージです。そうではなくて、集団と個人との間が「整合性が取れている」という状態です。お互いのリターンが矛盾なく両立し得る、と言ってもいいでしょう。

この解説だけでは、なかなか「整合性が取れている」目標設定をイメージしづらいかもしれませんので、ここでひとつの事例を紹介します。

【事例】

ある企業で、ボトムアップ型のプロセスを経て企業内保育所が設立されました。

そのきっかけとなったのは、女性社員とその男性上司の10分ほどの立ち話。そこで、女性社員の口から出たのが、次のような不満でした。

「うちの会社って、育児に関するサポートが不十分ですよね。産休から復帰したら、保育園探しも自力でやれ！　だし、育児と仕事の両立でいろいろ悩んでいるのに、職場ではそれが言いづらかったり……。同僚でも同じようなことで悩んでいる人が結構いるんです。中にはそれで追い詰められて離職する人も少なくなくて……。なんとかなんないもんですかね」

それを聞いた男性上司はその場で、「じゃあ、そうした悩みを抱えている社員を集めて、解決策をみんなで考えてみるっていうのもいいかもね」と提案しました。彼女はさっそくメールやSNSを使って、同じような悩みを持つ社員を募ったところ、すぐさまSNS上に4つのコミュニティが出来あがりました。

そこでは、最初のうちは近況報告や愚痴、悩みを言い合うのが主だったのですが、そのコミュニティをひとつに統合したあたりから解決策について建設的に話し合う場となっていきました。そのやりとりの中で明確になっていったのが、「従業員の多様な働き方に合わせた形の企業内保育所があったらいいのではないか」というアイデアです。

そして、そのアイデアを会社に提案し、実現にこぎつけようと、効果的な提案の仕方を検討したり、提案用の資料を作成したり、適材適所でメンバーたちが業務外の時間を使って活動。その結果、その提案が会社から採用され、企業内保育所の開園にこぎつけました。

開園後もメンバーたちの活動は続き、利用する従業員たちが仕事と育児で困らないよう、さまざまなアイデアが出され、進化を続けているそうです。

〜〜

この事例は、「仕事と育児の両立に対する会社のサポートがない」という女性社員の不満からはじまりましたが、これを聞いた男性上司が、単なる愚痴として受け取り、「うんうん」と傾聴するだけであれば、単なる部下の気持ちのケアに終わっていたでしょう。

ところがこの上司はそうしなかった。愚痴を愚痴のままで留めず、さらに一歩進んで、「じゃあ、どうしようか？」という問題解決の方向にもっていったのです。

つまり、不満を「苦情」のままにしておかないで、「提案」に変えていく道筋をつくったわけです。

さらに、その後に設定された「従業員の多様な働き方に合わせた形の企業内保育所を開園する」という目標においては、「出産後も働きたい社員」と、「育児を理由に離職してもらいたくない会社」の利害が一致しています。その目標が達成できたときに、個人と集団の両方にリターンがある「整合性」が取れた目標設定になっているのです。

こうした整合性のとれた目標設定であれば、ボトムアップ型で会社に提案した場合に、採用されやすくなります。実際、この事例でも、会社の社員提案制度の会議で行ったプレゼンテーションは上司たちから非常に好評で、「説得力があり、見事だった」という感想をもらったそうです。

†「目標共有」で重要なのは、言語にして伝えること

私はこれまで、さまざまなところで「権限によらないリーダーシップ」の導入のお

手伝いをしてきましたが、その実践においてもっとも躓きやすいのが、「目標共有」です。そして、ここで躓いてしまうと、なかなか目標達成に至らなかったり、目標とは違った方向に行ってしまいます。

目標共有がうまくいかない要因の主なものとしては、次の3つが挙げられます。

①言語化してメンバーに伝えられていない
②目標に納得できていないメンバーがいる
③権限によらないリーダーシップへ不信感を持つメンバーがいる

まず①の「言語化してメンバーに伝えられていない」から見ていきましょう。次に挙げるのは、それが原因でどんどん設定した目標からズレていき、おかしな状況になってしまった例です。

【事例】

Aさんの職場は残業する人が多く、その解消が課題になっていました。そこでAさんは、「みんなが早く帰れるように『手が空いている人が、忙しくて残業になってしまいそうな人を手伝う』のがいいのでは」と考え、率先垂範でまず自分から忙しそうな人を手伝うようにしました。また、Aさんのこの提案に賛同した同僚数人もその仲間に加わってくれました。

そのおかげで、以前よりも残業せずに帰れる人が多くなったものの、Aさんとその賛同者たちには、次から次へと「手伝って」と仕事を持ってこられるようになりました。その一方で、こちらが忙しくしていても、賛同者以外の人たちはまったく手伝ってくれません。

Aさんたちとしては、「自分の手が空いているときは手伝う。一方、自分が忙しいときはまわりに手伝ってもらう」という相互支援の流れを想定していたのに、それとはまったく異なる展開になってしまいました。

なぜ、Aさんたちはこうした状況に陥ってしまったのでしょうか。それは、目標設定をしたものの、それが一部のメンバー間に留まってしまい、職場内で十分に共有されていなかったからです。

その結果、率先垂範で積極的に他の人の仕事を手伝ってあげているうちに、その行動だけを見て「彼らはいつでも手伝ってくれる人たちなのだ」とみなされ、まわりからいいように使われるようになってしまったのです。

こうなると、いくら率先垂範や相互支援を実践しても、それが空回りするだけになってしまいます。当然、目標達成もなかなか進みません。それどころか、目標が達成できない可能性もあります。

こうした事態を避けるためにも、一緒にいるメンバーとの間で十分に目標共有を図っていく必要があるのですが、その際のポイントは、目標をしっかりと「言語化し、メンバーに伝える」ということです。

このケースであれば、相手の仕事を手伝うときや、それが無理なら手伝い終わった後に、「なぜ手伝うのかというと、お互いに助け合って、みんなで早く帰るという文化をつくりたいから。今回は私が手伝いますが、私が忙しいときはお手伝いをお願いします」と言語化し、相手に伝える必要がありました。

「目標」に限らず、何かを複数の人の間で共有しようという場合、「言語化し伝える」ことは不可欠です。

それが別段必要ないのは、不測の緊急時くらいです。その場合は、目標が明確です。そこに居合わせた人のほとんどが「この状況を何とかしたい」と思っているので、わざわざ言語化しなくても、誰かが解決に向けた行動を率先垂範すれば、居合わせた人たちが次々とあとに続き、自然と目標共有が行われます。

一方、いつもと変わらない日常においては、「こちらの行動を見れば、言わなくてもみんなにわかってもらえる」というような状況は、ほぼ起こらないと思っていたほうがいいでしょう。とくに仕事の場ではそうです。「言葉にしないと、こちらの意図は相手に伝わらない」という意識をつねにもっておいたほうがいいと思います。

†目標への納得感が、達成に向けての原動力になる

次に②の「目標に納得できていないメンバーがいる」場合です。

ひとつの集団の中には、いろいろな人がいて、その人たちそれぞれが自分の考えや思いを持っています。たとえば、残業にしても、一般的にはネガティブに捉えられていますが、中には「残業代がもらえるから」という理由でポジティブに捉えている人もいるでしょう。

そうした中で同じ目標を共有するというのは、実際のところ簡単ではありません。「その目標が達成されたら、自分にとってはマイナスだ」「その目標達成に自分は何らメリットが感じられない。そのために自分の労力を使うのは嫌だ」というメンバーがいる可能性もあります。

設定した目標に対して納得できている場合、そこを目指すプロセスで多少しんどいことが起こっても、「これを乗り越えれば！」とある程度頑張れます。他方、その目

標に対して納得がいかない場合、それを目指すプロセスはその人にとってかなりしんどい作業になるでしょう。当然、後者の人とはなかなか目標の共有は進まないどころか、その目標達成に対する否定派となっていろいろ足を引っ張ってくる可能性もあります。

全員が100％共有できるゴールを設定するというのは、そもそも不可能だと思います。ただ、たとえそうだとしても、「目標」の中身について、「集団にとって利益となることだけに注目して、個々のメンバーの利益をまったく無視する」ことになってしまうのは禁物です。先述したように、集団の利益と個人の利益との間に整合性を取っていく必要があります。つまり、できるだけお互いの利益が矛盾なく両立し得る状態にしていくのです。

そのための方策としては、やはり「言葉にする」ことです。目標を提案した側と、その提案を受けた側とがお互いに納得し合えるまで話し合っていく。ここでのキーワードは「納得感」です。その話し合いのプロセスを通して、お互いが納得できる形に目標を修正していくのもアリです。

✝否定派には、「感情」にある程度寄り添うことが必要

目標の共有がうまく行かない要因の最後の3つ目を見ていきましょう。

それは、③の「権限によらないリーダーシップへ不信感を持つメンバー」の存在です。

よくあるのが次の3つのタイプです。

◇タイプ❶「自分の権限が奪われるのでは？」と不安に感じている人
◇タイプ❷集団の目標達成に無関心で、できるだけ仕事を増やしたくない人
◇タイプ❸内向的なタイプで、リーダーシップの発揮に苦手意識がある人

タイプ❶は、権限によらないリーダーシップのメリットが理解されていない段階において出現しやすい否定派です。それが上司であれば、「余計なことをするな」と、その実践を阻止されてしまいがちです。先輩や同僚であれば「生意気なことしやがっ

て」と、何かと嫌がらせをされたり、非協力的な態度に出られたりすることがあるかもしれません。

タイプ❷は、「与えられた業務だけを粛々とこなし、賃金だけもらえればいい」というスタンスの人たちです。このタイプはたいていの職場において一定数存在していると思います。彼らからすると、権限によらないリーダーシップの実践なんてことは、業務外の余計な仕事ですから、やりたくないのが本心です。そのため、邪魔こそしないかもしれませんが、一緒に取り組んだり協力してくれたり……というのは期待できないでしょう。

タイプ❸は、日本人には多いかもしれません。先頭に立って場をまとめたり、仕切ったり、人を巻き込んだりということが苦手な人たちです。そんな彼らに「一人ひとりが自発的にリーダーシップを発揮しましょう」なんて言おうものなら、恐怖でしかありません。参加はしてくれるかもしれませんが、外見としてはタイプ❷と似た感じになるのではないでしょうか。

では、権限によらないリーダーシップへのこうした否定派に対して、どう対応していけばいいのでしょうか。

まずは彼らの「思い」や「感情」とある程度寄り添ってみる姿勢は必要だと思います。彼らが否定するのには、何らかの「理由」があるはずです。そしてその理由の背後には、たいてい彼らの何らかの「思い」があります。

それは、自分の権限が奪われるのでは？　という恐怖からかもしれません。面倒なことを押し付けられることへのイライラかもしれません。苦手なことをさせられるしんどさかもしれません。

もし、あなたの所属する集団にこうした否定派が存在するようでしたら、一度、彼らがなぜ否定するのかを探ってみてください。すでに他のメンバーと一緒に目標達成に向けて動いている段階であれば、そのメンバーたちと一緒に探っていくのがいいと思います。そのほうが多様な見方ができます。

ちなみに、権限によらないリーダーシップは「一人」ではなく、「仲間」とはじめたほうがいいと思います。「一人」だと、ここで述べている「否定派」によっていいとも簡単に潰されてしまいがちだからです。そのため、一緒に取り組む仲間を最初に確保しておき、その人（たち）と取り組んだほうがいいのです。

この仲間のことを「バディ（相棒）」と呼んでいます（バディについては後ほど詳しく解説します）。

†相手が否定する「理由」に向き合い、それを軽減していく

話をもとに戻しましょう。否定する理由の背後にある「思い」をしっかり汲み取れたら、次にするのは、こちら側の「思い」と相手の「思い」が互いにＷｉｎ―Ｗｉｎ、つまり整合性が取れる状態にするにはどうすればいいのかを検討することです。

たとえば、相手が権限者で、「自分の権限が奪われるのでは？」と不安に感じているような場合（タイプ❶）、第２章でも述べたように、「権限によらないリーダーシップ＝権限をなくす」ではないことを丁寧に説明していく必要があります。

もともと、権限者の許可なくいろいろなことを進める意図はなく、その都度、経過を報告するつもりであることをしっかりと伝えます。さらに、メンバーの一人ひとり

がリーダーシップを発揮できるようになることは、そのチームにとっても、その権限者にとっても大きなプラスの結果をもたらし得ることを説明していくといいと思います。

タイプ❷の場合は、要因②の解決策と同じで、設定した目標や権限によらないリーダーシップに対して相手に納得してもらうことが重要でしょう。一緒に取り組むことにメリットを感じれば、このタイプは仲間に加わってくれる可能性があります。

タイプ❸に対しては、相互支援です。先頭に立って何かするのが苦手な人に「どんどん率先垂範をしましょうね」というのはかなりのムチャ振りです。最小3要素には相互支援があるのですから、これを用いて相手が動きやすい状況をつくってあげるのです。その繰り返しの中で、権限によらないリーダーシップへの反発が薄れていけば、自然とメンバーの一員として一緒に取り組んでくれるようになるはずです。

†「根回し」で否定派の発生を最小限に抑える

ここまで否定派への対処方法を述べてきましたが、そもそも否定派の発生を最小限に抑えるための対策も、できれば権限によらないリーダーシップをスタートさせる前に行っておくのが得策です。

具体的に何をするのかというと、「根回し」です。スムーズに進めるために了承を取っておいたほうがいい人、機嫌を損なうと面倒な人など、よくも悪くも今後の自分たちの活動においてキーパーソンになる人に向けて、事前説明を十分にしておくのです。これも先述の「バディ」と一緒に行っていきます。

「根回し」というと、20世紀に日本の多くの会社で行われていた古臭いビジネス習慣というイメージがあるかもしれませんが、21世紀の今の時代にも、物事をスムーズに進めていくには重要です。

とりわけ、権限のない人が率先垂範する場合、「出る杭は打たれる」の状態になり得ます。それを避けるためにも、キーパーソンへの「根回し」は必須なのです。逆に、それを怠ってしまうといらぬ反感を買い、目標達成のための活動を潰されてしまうことになりかねません。そうした事態を避けるべく、こうした立場の人には、これから行おうとしていることを事前に知っておいてもらったほうが安全です。その後も動きやすくなると思います。

†「根回し」で外していけない2つのポイント

根回しにおいて必ず伝えるべきポイントは、先ほど否定派のタイプ❶で述べたものと重複しますが、次の2つです。

①権限者に対しては、「権限を奪おうとしているのではない」と伝える
②集団にとっても、個人にとってもプラスであることを強調する

まず①ですが、先述した通り、権限者の中には「自分の権限が奪われてしまうのではないか」と不安に感じている人もいるわけです。しかし、権限によらないリーダーシップは「権限をなくす」わけではありません。その集団の権限は維持されます。その上で、目標達成のために権限のない人も自律的に動けるようにする、というものです。

根回しにおいては、こうした「権限によらないリーダーシップとは何ぞや?」の部分を丁寧に説明し、「あなたの権限を奪おうとしているのではない」ということをしっかり伝えていきます。そうすることで、彼らの不安もだいぶ取り除いていけるはずです。

次に②ですが、そもそも集団において設定される目標は、個人と集団の両方にとって「整合性」が取れた、両者にとってＷｉｎ―Ｗｉｎなものであることが基本です(96ページ参照)。つまり、集団の目標と個人の目標の整合性が取れていること。それは、根回しをする相手にとっても同じです。その人にとって決してマイナスや損になることではないという部分も根回しにおいてはしっかり伝えていきます。

ただし、このとき、根回しする相手にとっての「Ｗｉｎ」ばかりを強調してしまえば、適切な根回しではなくなってしまいます。これだと、相手をこちらに巻き込むために「接待」、場合によっては「取引」(１１９ページ)しているようなものです。これだと、一時しのぎにはなっても、長期的に見ると目標の実現を遅らせる要因になる可能性があります。

伝えるべきは、これから実現を目指す目標は、集団にとっても個人にとっても「Win―Win」である、ということです。そして、それを理解した上で、相手に納得してもらうこと。そのために粘り強く説明していくのが、ここでいう適切な根回しなのです。

†根回しでは「質問」が効果的

ここで根回しをスムーズに行っていく際に、役に立つテクニックも紹介しておきましょう。それは「質問をすること」です。

具体的には、「～してもよろしいですか?」「～についての○○さんのご意見を聞かせていただけますか?」など、相手の意向や考え、意見等を尋ねる質問をしていくのです。

こうした質問をしてもらえたら、相手は自分の思いや考えを表明することができます。そうしたやり取りがあることで、相手に「自分を無視して進めようとしているわけではない」と感じてもらえます。こうした感情こそが、相手の反発や否定を緩める上で非常に重要だと私は考えるのです。

逆に、相手の意向を尋ねることなく、一方的に「私たちはこうしたい」という、こちらの思いだけを伝えるのでは、相手は自分の存在を無視された気になってしまいかねません。そうなると、「生意気な！」と相手の反発を強めてしまいます。

そこで、根回しにおいては、自分たちの考えを述べつつ、随所に、相手の考えや意見を尋ねる質問や、「〜を行ってもよいですか？」と相手に意向をうかがう質問などを織り交ぜていくのがお勧めです。

しかし、そうやってしっかりと相手を立てて根回しをしても、頑なに否定し続けるケースもあります。そうした相手に対しては、とりあえず根回しを諦めたほうがいい、というときもあります。なぜなら、こうした相手にいつまでも関わっているのは時間の無駄だし、不毛だからです。こういう手強い相手を説得できたときには、大きな達成感を得られるかもしれませんが、そこにエネルギーをかけてしまうことで、本来の目標達成の道筋からどんどんズレていきます。

そうした迷路に踏み込みそうになったときには、今一度、本来の目標設定に立ち返り、仕切り直して「今すべきこと」を考えるのがいいと思います。

†最初から「全員参加&発揮」を目指さなくてもいい

否定派・消極派への丁寧な説明や根回し等を十分に行ったからといって、すべての人が納得し、仲間に加わってくれるわけでありません。どんなに丁寧に対応しても、一定数の否定派は残ると考えていたほうがいいと思います。

そして、それが前提になるわけですから、そもそものところで、「全員がリーダーシップを発揮する」ということにこだわる必要はない、というのが私の考えです。もちろん、その集団に属する全員が参加し、全員が権限によらないリーダーシップを発揮している状態が理想です。しかし、それは簡単なことではありませんし、現実的でもありません。

もっといえば、「全員参加&発揮」という部分にこだわると、逆に失敗の元です。なぜなら、人というのは、「強制されるとかえって反発する」という性質を程度の差こそあれ誰もが持っているからです。「全員でリーダーシップを発揮しよう」と強く言いすぎると、否定派をかえって増やしてしまう可能性があります。

ですから、最初から「全員参加&発揮」を目指さない。最初は、賛同し、一緒に取り組んでくれる仲間（バディ。126ページで解説します）と2人、もうしくは数人ではじめていき、まずは全体の8割くらいを巻き込んでいくことを目指せばいいと思います。私の感覚では、その集団において影響力のある人（権限者など）がすでに加わっているのならば全体の5割、そうでない場合は8割の人がこの最小3要素のスキルを使えていれば、権限によらないリーダーシップはうまく機能します。

ただし、この際にポイントとなるのは、残りの2〜5割の人たちをいかに否定派にしないか、です。

もし、この残りの人たちが権限によらないリーダーシップに対してネガティブな反応を示し、なにかと足を引っ張る行動に出るという展開になってしまえばアウトです。たとえ8割の人を巻き込むことができても、なかなか目標達成に至らなくなります。

では、どうすれば彼らが否定派になることを阻止できるのでしょうか。

それには、101ページの要因②や③の解消方法として述べたことをまず実践し、それでもダメな場合には、「参加してくれなくてもいいので、静観していてほしい」とお願いするしかないと思います。つまり、関わってくれなくていいから、「そっとしておいて」というスタンスでいてもらう。その他にも、権限によらないリーダーシップが、彼らに不利益を与えるものではないことを、繰り返し言葉で伝えていくことも大切です。

†「取引」で無理やり巻き込もうとしない

そして、メンバーを巻き込んでいくときに、できるだけ避けたいのが「取引」をすることです。

つまり、設定された目標に納得がいっていない人や、権限によらないリーダーシップに否定的な人などをなんとか巻き込むために、「この目標達成に力を貸してもらえるのならば、こういうメリットを用意する」と、相手が喜びそうなことを交換条件として提供する、という方法です。

じつはこれもリーダーシップのひとつの形態です。「交換型リーダーシップ」と呼ばれ、相手にとって利益になることを提供することで、その目標達成のための貢献行動を引き出していきます。

ただ、交換型リーダーシップを使うのは「緊急時」に留めておいたほうがよいと私は考えています。今すぐその人の協力を得なければ、立ちいかなくなるといった状況の際、緊急対応としてやむを得ず使うのが、この交換型リーダーシップなのです。そのことを理解していて、緊急時の「手段」として活用するなら、それは「アリ」です。

一方で、交換型リーダーシップの即効性に味をしめて、繰り返し使うようになるのは「アウト」です。交換型リーダーシップを多用していると、いずれ手持ちの取引材料が出尽くしてしまいます。そうなれば、相手を動かすことができなくなり、相手は以前の否定派に戻ってしまうからです。そうなれば、目標達成は遅々として進まなくなる可能性があります。

交換型リーダーシップと対になるものに、「変革型リーダーシップ」があります。これは、交換条件ではなく、相手の価値観やモチベーション等に働きかけて、目標達成のための貢献行動を引き出していく、という形のリーダーシップです。「取引」は一人一人ちがった交換条件を提示するうちに、全員共通の目標が見えにくくなります。権限によらないリーダーシップでは、設定された目標にたいして、取引ではなく、丁寧な対話を通じて、その目標に納得してくれた人を仲間として迎え、一緒に取り組んでいく。だからこそ共通の目標が重要なわけです。

丁寧な対話のプロセスにおいては、取引が必要な場合もあるでしょう。そのときは致し方なく取引で乗り切りつつ、水面下ではお互いが納得できる目標設定はどこなのかを探っていく。決して、取引によって相手を動かす「交換型リーダーシップ」があなたの集団でのデフォルトにならないように注意してください。

†ゴール設定を時々見直し、必要ならばアップデートする

目標は、いったん設定したら変更不可ではありません。というよりも、状況の変化に合わせ改訂していく必要があります。

その意味で、目標は設定したら「設定しっぱなし」ではなく、「時々見直す」という作業が不可欠です。

そうした見直しの作業を通じて、たとえば、その目標について納得していない人がいることに気づくかもしれません。その場合は、お互いがＷｉｎ―Ｗｉｎになれるように集団の目指す目標と、その人個人が目指す目標との整合性を取っていくことも大切です。それに伴い、目標の改訂も「アリ」です。

また、今の目標が、環境の変化等にそぐわないものになっているかもしれません。とりわけ、我々が生きているのは変動が激しく、かつ予測不可なＶＵＣＡの時代です。ちょっとでも気を抜いているとすぐに時代遅れになってしまいます。そのため、今の時流からズレていると気づいたら、今のトレンドに合わせて目標をアップデートしていく必要もあります。

そのほか、実際に目標達成への行動をスタートしてみたら、「こうしたほうがいい」という部分が出てくることもあります。その場合は、その部分について改訂していくことも、もちろん「アリ」です。

ただ、そうした改訂を行う際につねに意識したいのが、「なんのためにこの目標を設定したのか」ということです。そこを忘れて、ただその場しのぎで目標を書き直してしまえば、おかしな方向に向かいかねません。それでは決してその集団にとってより良い結果につながっていかなくなります。

大目標にたどり着くための小目標をいくつか設定する

目標達成のための秘訣は、最小3要素を参加するメンバーたちがしっかりと実践していくことが基本です。それにプラスしてお勧めしたいのが、その達成の途中に、いくつもの小さな目標を設定しておくことです。

イメージとしては、遠くに「大きいゴール」（設定した目標）があり、その途中に「小さいゴール」がある、というかたちです。小さなゴールをひとつひとつ達成していきながら、最終的に大きなゴールに到達していきます。

大きな目標だけを目指すとなると、その達成までにそれなりの時間がかかります。よほど忍耐強い集団でない限り、途中で息切れしかねません。そうした事態を防ぐには短期で達成できる小さな目標を準備しておくのです。その小さな目標を達成できれば、それが次の小さな目標達成へのモチベーションとなります。大きな目標に至るまでの道のりで、こうした小さな目標の達成を何度も繰り返すようにしておけば、モチベーションを維持した状態で前に進んでいけます。

その意味で、小さな目標は少し頑張れば達成できるレベルにしておくことが大切です。小さな目標の達成に失敗して、そこでモチベーションが一気に下がっては元も子もありません。

また、小さな目標はあくまでも大きな目標を達成するための「プロセス」ですから、両者の間に矛盾があってはいけません。そこもしっかりとチェックして小さな目標を設定していきましょう。

†率先垂範は「一人」ではなく「仲間」と一緒に行う

ここからは最小3要素の中の率先垂範について見ていきます。

率先垂範とは、目標達成に向けてまず率先して自分が動く、ということです。それが見本となって(垂範)、まわりの行動も促していきます。

権限を持っていない人が、目標の提案者でその達成に向けて中心的に動いている場合、権限を使ってまわりを動かしていくことができませんから、自分からまず動くしかありません。権限を持っている人が、できるだけ権限を使わずにリーダーシップを発揮しようとするならば、率先垂範でまず自分がやってみせるというのが自然な流れになるのでは?

いずれの場合であっても、その目標達成に向けて最初に動き出した人が積極的に率先垂範していくことは、「この目標達成に向けて、自分は本気で動く覚悟がある」ということを他のメンバーに示すいい機会になります。「そこまで本気なら」とメンバーたちが心動かされることで協力も得やすくなります。

ただ、率先垂範には得意な人と苦手な人とがかなりはっきり分かれます。率先垂範とは自分から動くことなので、積極的なタイプや、「考えるよりまず行動」というタイプの人にとっては、最小3要素の中でもっともやりやすいものです。一方、他人の眼が気になる人や万事に慎重な人からは、「率先垂範がもっとも苦手だ」という声がよく聞かれます。

日本の場合、「出る杭は打たれる」ということわざがあるように、権限のない人が率先垂範をした場合に、「余計なことをするな！」と叩かれてしまうケースがとりわけ起こりがちです。そのことを多くの人が無意識で感じ取っているのか、権限によらないリーダーシップに慣れていない段階においては、多くの集団において、率先垂範がなかなか起こらないようです。

この状況から抜け出す方策が、先述した「『一人』ではなく『バディ』と一緒に行う」です（118ページ）。

たとえば、率先垂範する前に、自分たちの発言や行動によって機嫌を損ねそうなのは誰か、不都合を感じそうなのは誰かといったことをバディと一緒に調べ、彼らへの根回しを行っていきます。また、どちらかが率先垂範をした場合には、バディが動きやすくなるように、もう一方が援護をします（相互支援）。

こんな具合にバディと二人三脚で率先垂範＆相互支援を行っていくのです。

†バディを持つ2つのメリット

バディは日本語に訳すと「相棒」となりますが、率先垂範に限らず、権限によらないリーダーシップの実践においては、相棒と一緒に進めていったほうがうまくいきます。その理由として、大きく次の2つが挙げられます。

①援護してもらえる
②フィードバックをもらえる

まず①「援護してもらえる」ですが、日本の多くの企業において、依然として「リーダーシップを発揮できるのは権限者のみ」と思い込んでいる人が少なくないと思います。そうした中にあって、権限のない人がリーダーシップを発揮するとなると、さまざまな困難に遭遇します。

上司からは「こちらが指示してもいないのに、勝手な動きをするな！」と叩かれ、集団にとって良かれと思った提案も潰されてしまうかもしれません。先輩たちから「生意気な奴だ」と睨まれ、同僚たちからは「余計なことをして」とか「一人で何張り切ってんの？」と冷ややかな眼差しを向けられるかもしれません。

こんなとき、一人でも味方になってくれる人がいると、少し安心できますよね。また、一人で孤軍奮闘するより、仲間と一緒に取り組んだほうが悪目立ちしなくなり、安全です。複数で取り組めば、その活動を目障りに思っている権限者がいても、複数を簡単に処分するわけにもいかないので、その点で自分たちのリスク管理になります。

また、バディがいることで、相互支援が「できる、してもらえる」環境をあらかじめ仕込んでおくことができます。つまり、自分が最小3要素を実践する際に、援護をしてくれる人を少なくとも一人は確保できるわけです。

たとえば、煙たい上司に何らかの提案をする際、一緒に行ってくれたり、率先垂範をするときに、一緒に取り組んでくれたりする。場合によっては、フォローしてくれたり、助け舟を出してくれたりする。こんな存在がいてくれると心強いですよね。

②の「フィードバックをもらえる」ですが、権限によらないリーダーシップの実践においては「フィードバック」が重要になってきます。

フィードバックとは、ある人が行った発言や行動に対して、まわりがどう感じたのか、どう見たのかなどを言葉にして伝えていくことです（フィードバックについては、

第4章で詳しく解説します）。

そして、バディの大きな役割は、相手の言動とそれによる周囲への影響をしっかりと把握し、その結果を相手にフィードバックすることです。

こうしたフィードバックをもらえることで、自分の言動は目標からズレていないか、またズレてる場合、どうズレているのかといったことにいち早く気付けます。そしてズレていた場合にはすみやかに軌道修正できます。軌道修正できれば、それ以上おかしな方向に進んでいってしまうのを避けることができ、より早く目標に到達することも可能になります。

✝支援するだけでなく、堂々と支援もされる

最後に「相互支援」について見ていきましょう。

相互支援とは、それぞれが行動しやすくなるように、お互いに支援したり、してもらったりすることです。

「支援」というのは、率先垂範が苦手な人でも、最初から抵抗なく実践できるという

人が結構多いようです。ただ、相手を支援することは積極的に行っていくのに、相手に支援を頼んだり、相手からの支援の申し出を受け入れたりすることは躊躇する人が少なくありません。

支援されることに躊躇してしまう理由にはいろいろあるようですが、たとえば人に助けてもらうことに遠慮してしまう人もいれば、人に助けてもらうのを「恥」とか「負け」と思い込んでいる人もいます。

一般的な傾向として、日本人の場合、「人に頼らず、自分で処理しなければ」と思い込んでいる人が多いようです。そうした自立の精神は一面素晴らしいとは思いますが、ただ、自分で処理することにこだわることで、まわりからの支援を拒んでしまい、目標達成を遅らせてしまうことにもなります。ビジネスの世界ではできるだけスピーディに成果を出していくことが求められます。しかも、現在は、予測不可能な出来事とその後の激変が次々と起こるVUCAの時代です。こうした時代においては自立の精神がかえって自らの足を引っ張りかねません。

こうした環境で生き残っていくためには、つねに達成したい目標を見据え、かつ現状を十分に把握し、支援が必要ならば、遠慮なくどんどん支援をお願いすべきでしょう。

そして、「支援される」とか、「支援をお願いする」ということは、決して恥ではありません。繰り返すうちに慣れてきます。実際、支援してもらったほうが、はるかに楽です。数をこなしていくうちにだんだん躊躇の意識も薄れていくはずです。

そのためにも、どんどん「支援してもらう」ことの数をこなしていくことが大切なのです。

第4章

その実践❶

最初は「バディ」と二人三脚で取り組む

この章では、実際にみなさんが属する集団において権限によらないリーダーシップを実践し、広めていくためのノウハウを解説していきます。

権限によらないリーダーシップは、第3章で述べた通り（126ページ）、「バディ」を見つけて、その人と一緒に取り組んだほうがうまくいきます。そのため、まずは「バディづくり」からスタートすることです。

バディをどこで見つけるかというと、達成すべき何らかの目標が設定された場所においてです。そこで、その目標達成のために一緒に動いていけそうな仲間を見つけ、お互いにバディになり合います。

たとえば、あなたの中に「このチームにおいて、こういうことを実現したい」という思いがあり、その話をしたとき「やろうよ！」と言ってくれた同じチームのメンバーとバディになり、一緒に取り組む。

上司から「この部署にこういう仕組みを導入しようと考えているのだけど、一緒にやってくれるか？」と相談されて、それに賛同し「ぜひに」となった場合には、上司と部下はバディの関係になって、一緒に進めていくことになります。

†バディは「対等な関係」が大前提

こんな具合に、バディになる相手は、同僚だったり、上司だったり、先輩だったり、部下だったり、いろいろなケースがあると思います。ただ、自分と相手の立ち位置はいろいろ「アリ」だとしても、その関係性において、次の2つは大前提です。これら2つのどちらか、もしくは両方が欠けている場合、その相手とバディとなるのは難しいと考えてください。

①フラットな関係性
②心理的安全性が確保された関係性

まず①「フラットな関係性」ですが、バディの場合、対等な関係性の中で「お互いにフィードバックする」という相互支援が前提になります。

少し前に人材育成の分野で大流行したメンター制度や1on1も「フラットな関係性づくり」を重視していますが、これらの場合、両者の間にはやや上下関係があるのが一般的です。そして、「少し上の立場の人が、少し下の立場の人にしてあげる」という要素が少なからずあります。

一方、バディの場合、「してあげる」の要素は少なく、あくまでも「お互いにする」のです。メンター制度や1on1よりはるかに「対等な関係」であることが重視されているのです。

そのため、たとえば、本章冒頭に挙げた上司や先輩など、立場的に上の人にバディになってもらう場合は注意が必要です。この相手はきちんとフラットな関係を築いてくれる人かどうかをしっかりと見極める必要があります。

その際の見極めポイントとして活用できるのは、「フィードバック」に対する相手の姿勢です。具体的には、

＊自分から部下・後輩にフィードバックをもらいに行ける

＊部下・後輩からのフィードバックを受け入れる、かつ自分の改善に生かせる

ということができる上司・先輩かどうかをしっかり観察していきます。そして、もしそれができない相手であれば、バディとしてではなく、これまで通り上司・先輩として一緒に取り組むという形のほうがいいと思います。

†健全なフィードバックには心理的安全性が必須

次の②「心理的安全性が確保された関係性」ですが、ここでも「フィードバック」と大きく関係してきます。

フィードバックとは、ある人が行った発言や行動に対して、「ここがよかった」「あそこはこうするともっとよくなると思う」など、まわりがどう感じたのか、どう見たのかなどを伝えていくことです。

権限によらないリーダーシップにおいては、最小3要素（目標設定・共有、率先垂範、相互支援）の実践とフィードバックはつねにセットです。どういうことかという

と、日常での最小3要素の実践が目標達成を見据えた発言や行動になっているのかを、フィードバックを通じて確認し、必要に応じて修正していくのです。

そのフィードバックをし合う相手がバディになるわけですが、ただ、フィードバックはお互いにとって心地よいことばかり言い合うわけではありません。ときに耳が痛い内容を指摘される（する）こともあります（ただし、フィードバックに慣れていないうちは、ポジティブ・フィードバックのみにするのが鉄則です。152ページ）。

そうしたネガティブな内容も含めて適切なフィードバックを交換し合えるためには、お互いの間に心理的安全性、つまり、自分が何らかの言動を発しても、その場での関係性が悪化しない状態が確保されていることは必須です。逆に、そうした関係性を築けていない相手とでは、フィードバックをするのも、されるのも恐怖でしかないと思います。そんな状態では、適切なフィードバックの交換は不可能です。

バディになってもらうかどうかを決める際には、「この人とは、多少ネガティブな指摘をしてもされても、関係性が悪化しないか」という観点からも必ずチェックをしておきましょう。

†社内の横の関係でバディをつくった例

ここで実際のバディづくりの事例をご紹介しましょう。次に挙げるのは、リーダーシップカレッジの受講生の事例です。

〰〰〰〰〰〰〰〰〰〰〰〰〰〰〰〰〰〰〰〰〰〰〰〰

【事例】Cさん

Cさんは同じ会社の同じポジション（チームリーダー）にいる人たちとバディになり、自分が担当するチームを、別のチームリーダーの目で観察してもらい、「いいところ」と「直すべきところ」などをチェックし、フィードバックしてもらう、ということをはじめました。

実際、自分が担当しているチームがどうなっているかは、内側にいると意外に気づけないものです。そうした、内部にいる人間には「死角」となる部分を、外部の目を通して見つけ出してもらおうとしたわけです。

そして、その狙いは見事当たりました。外部の目で見ることで、「いい部分」と「直すべき部分」などが続々明らかになり、お互いにそれぞれ担当するチームの改善につながっていったということです。

†まずは社外で「練習」するのもアリ

もし今の段階で、職場で「バディ」を見つけたり、権限によらないリーダーシップを実践するには障害がある場合、社外の人間関係で「練習」してみるのも「アリ」です。たとえば趣味の仲間だったり、学生時代からの友人だったり、セミナーや勉強会で知り合った仲間だったり、そうした人とバディになり、達成したい目標を設定し、最小3要素とフィードバックを実践していくのです。これだったら気楽に始められると思いませんか。

そのようにして社外の人間関係の中で経験を積んでいきながら、「社内でどうやって実践していくとうまくいくのだろう」と作戦を練っていくと、意外にすんなり社内でも実践できるようになるでしょう。

また、そうした場で得たバディは、その後、社内でも権限によらないリーダーシップを実践し得るようになった場合にも、フィードバックをしあえるいい仲間になると思います。

社外の人間関係の場合、職場でのそれぞれの発言や行動について報告し、それが目標達成に沿ったものになっているかについて意見をもらう、という形になるかと思います。利害関係のない「部外者」という立ち位置では、より客観的なフィードバックをもらえる可能性が高く、社内での最小3要素の実践を補強してもらえるはずです。

ちなみに、「フィードバックしてくれる人」というのでしたら、身内も含めていいと私は考えています。たとえば、パートナーだったり、家族だったり。場合によっては子供によってフィードバックをもらってもいいでしょう。

身内の場合、「これについてのフィードバックがほしい」といえば、「こういうところはいいと思う」「ここは直したほうがいいと思う」などと、率直な意見を言ってくれることが多いのではないかと思います。

誰もがいつでも入ってこられるようにオープンにする

職場で権限によらないリーダーシップを実践していくという場合、最初から目標を共有できる仲間が何人もいて、その人たちとバディになりあえる……というケースもあるかもしれません。ただ、それはたぶん稀です。多くの場合、職場においてバディになってくれる人を一人見つけるのがやっとだと思います。なので、職場でのバディづくりは「1対1」からはじめてまったく問題はありません。その二人で権限によらないリーダーシップを実践していく中で、「かかわりたい」という仲間を増やしていけばいいと思います。

そのようにしてまわりを巻き込んでいくには、後ほど解説しますが、バディと二人で「小さな成果」を地道に出していくことです。ビジネスの世界ではとりわけ「結果」を出す人のまわりに人は集まってきます。次々と小さな成果を出していくことで、「あの二人、面白そうな活動をしている」と興味を持ってもらい、「自分も参加してみたい」と思ってもらえるようにしていくのです。

そして、そのようにしていろいろなメンバーを巻き込んでいくためには、つねに誰が入ってきてもいいオープンな環境にしておくことが大切です。つまり、「私も参加したい」という人は「ぜひ」にも入ってもらい、一方で、依然として「関心を示さない」人には無理に入ってもらうことはしない。また、「抜けたい」という人にも、無理に引き止めない。いってみれば「来るもの拒まず、去るもの追わずの、出入り自由な環境」です。

こうしたオープンな環境の中で、目標を共有し、その達成のためにリーダーシップを発揮できるメンバーが増えていき、その先に全員発揮のリーダーシップがある、というイメージです。

そもそも権限によらないリーダーシップとは、ある目標を達成したいと思う人たちが、そのために自発的に行動して、必要に応じてリーダーシップを発揮していく、というものです。

もちろん、「全員参加&発揮」が究極の理想形ですが、現実的ではありません。来るもの拒まず、去るもの追わず……で、第3章でも述べた通り、少ない人数から始めていってメンバーの5〜8割が参加してくれる状態を目指すのがいいと私は考えています。

†制度化された「バディづくり」は失敗の元

ここで社内での「バディづくり」の注意点について述べます。とくに「権限者」の立場にいる人たちにお伝えしたいことです。それは何かというと、決して「バディづくり」を社内制度にしないでください、ということです。

実際、権限を持つ人が我々の「権限によらないリーダーシップ」の研修を受講後、自分の職場でも実践すべく、強制的にバディを組ませる、といったケースがたまにありました。

しかし、これは失敗の元です。ほぼうまくいきません。権限によらないリーダーシップでしっかり成果を出していくには「バディづくり」は欠かせませんが、これを「公式」の制度にしてしまうと、かえってうまくいかなくなるのです。

その理由は、「メンター制度」や「1on1」を例にすると納得できると思います。

これらの制度は、一時期、人材開発の分野では大流行しました。実際、これらの制度自体は人材開発という点で非常に優れています。そのため、この制度の導入で組織が大きく成長したケースもあります。しかし、それはごく一部であり、多くの組織においては、導入はしたもののあまりうまく機能せず、結局、形骸化してしまいました。

なぜそうなってしまうのかというと、「制度」となってしまうことで、「上から強制的にやらされている」と社員たちに捉えられてしまいがちだからです。そして、「強制されたもの」にはたいがいの人が抵抗を感じるものです。その結果、その仕組みの持つ本来の意味を理解しないまま、「とりあえず『形』だけやっていればいい」となってしまうわけです。

しかし、こんな具合に「それっぽいこと」をやり続けても、本来備わるはずだったスキルは一向に身につかないでしょう。その結果、制度がどんどん形骸化し、その制度を導入した本来の目的が果たせないままになってしまったのではないでしょうか。

そして、バディづくりも、公式の制度にしてしまえば同じ道をたどることになりかねません。

さらに私が危惧するのが、上から強制的にバディをつくらされ、さらに強制的に最小3要素の実践を強いられた結果、しんどい思いをして、権限によらないリーダーシップにアレルギーを持ってしまうことです。こうなってしまうと、権限によらないリーダーシップへの強力な否定派になる可能性すらあります。

こうした事態を避けるためにも、「バディづくり」、もっといえば「権限によらないリーダーシップづくり」を公式の「制度」にしようとはしないことです。

†求められるのは「自発性」

権限によらないリーダーシップは、誰かに強制させて発揮する類のものではありません。

ある集団の中に「この部分を改善していきたい」と思う人が何人かいる。その何人かが「改善に向けて動き出そう」と思い、地道に小さな成果を出していく中、一緒に活動してくれる人が増えていき、最終的に当初の目標を達成する。

……これが、権限によらないリーダーシップの理想的な流れです。つまり、あくまでも個々のメンバーの自発性によって生まれ、実践され、現状を変化・改善させていくものです。決して強制するものでも、されるものでもありません。

バディも、そうした流れの中で自然発生的につくられていくものであり、誰かに強制されてつくるものではありません。共有できる目標がある人間関係の中で、自然発生的にお互いにバディになっていくものなのです

権限者の人は、そのことをしっかりと肝に銘じておきましょう。

†バディと最初に取り組むのは、「小さな成果」づくり

ここからは、権限によらないリーダーシップをバディとどう進めっていくのか具体的に見ていきましょう。

第3章で述べた通り、目標達成のための秘訣は、設定した目標(大ゴール)に至る

途中に、いくつもの小さな目標（小ゴール）を設けておくことです。バディがまず取り組むのは、この小さな目標を達成し、小さな成果をつくっていくことです。

小さな成果をつくっていくことは、自分たちのモチベーションにつながるだけではありません。小さな成果を出していくと、まわりから注目され、認められやすくなります。そして、「あの人たち、いろいろ結果を出せて、毎日充実しているようだね」と思ってもらえたらしめたもの。人間というのは、成果を出して楽しそうにしている人たちに便乗したくなるものです。「私もかかわらせて」とまわりの人に参加を促すことにつなげていけるはずです。

また、小さな成果を出すことは、権限によらないリーダーシップの効果を示すエビデンスにもなります。それは権限者に提案を通すときの説得材料となります。小さな成果を積み重ねていくことで、下からの提案も通りやすくなるだろうし、権限がない人であってもリーダーシップを発揮しやすくなることが期待できるのです。

逆に、こんな具合に、権限のない人もある人も巻き込んでいく流れにしていけるか否かは、バディと一緒に「小さな成果」が出せるかにかかっているともいえます。

小さな成果をなかなか出せないまま、バディと最小3要素をただひたすら実践しているだけでは、まわりから「あの人たち、仲がいいよね」で終わってしまうかもしれません。プライベートの場合なら「仲の良さ」だけである程度、人を巻き込めるかもしれません。しかし、「成果」が重視されるビジネスの世界では、それだけでは「私も入れてほしい」とはなかなかならないと思います。

さらに困るのが、目標達成のための最小3要素の実践はそもそも目につきやすく、権限者の中には「目障りだ」と思う人も出てくることです。そして、目障りな人たちが、なんら結果も出せていないとなると、彼らはかっこうの攻撃対象になってしまいます。「余計なことをするな！」と権限によらないリーダーシップの実践に対してストップをかけられる可能性が高くなります。

こうした事態を避けるためにも、まわりが「かかわりたい」と思ってもらえるような、そして権限者が認めざるを得ないような「小さな成果」を出していくことが大事です。

†成果にはお互いへのフィードバックが欠かせない

では、「小さな成果」を確実に出していくためにはどうすればいいのでしょうか？そのためのポイントは、大きく次の2つです。

①最小3要素の徹底
②バディとのフィードバック交換

①の「最小3要素の徹底」ですが、権限によらないリーダーシップの実践なのですから、これは当然ですね。大目標（設定した目標）に至るためにクリアすべきことを「小目標」として設定し、バディと率先垂範、相互支援を繰り返しながらその小目標を達成していきます。最小3要素を日常的に活用していくためのノウハウは第3章で解説していますので、そちらを参考に進めていきましょう。

②の「バディとのフィードバック交換」ですが、小さな成果をいち早く出していくのに欠かせないのが、このフィードバックです。

フィードバックとは、本書で繰り返し解説しているように、ある人が行った発言や行動に対して、まわりがどう感じたのか、どう見たのか、まわりにどういう影響を与えたのかなどを、その本人に伝えていくことです。

そのため、バディからフィードバックをもらえることで、自分の発言や行動をまわりがどう受け取ったのかを知る機会になります。その結果、自分の意図とまわりの受け取り方がズレていたことに気づくこともあるでしょう。場合によっては、自分の言動が本来の目標達成への道筋からズレていたことに気づくかもしれません。

そして、そうした気づきをヒントに、より明確に自分の意図を伝えるための方法を練ったり、本来の目標達成からズレ気味になっている今の自分を軌道修正したり……といったことが可能になります。その結果、リーダーシップのスキルはだんだんと磨かれていくだろうし、そうなれば当然、小さな成果を出していくスピードも徐々に上がっていくことが期待できます。

何か事を成し遂げようとするとき、「身近に、辛口な内容も含め、適切な意見を言ってくれる人を置いておけ」とよくいわれます。いわゆる、「参謀」のような存在です。たしかに、名経営者と称される人のそばには、たいてい「名参謀」がいます。そうした存在がいることで、思い込みの沼にはまり込んでしまいそうになっても、しっかり引き上げてもらえるわけです。

権限によらないリーダーシップにおける「バディ」と、その人からの「フィードバック」は、それに近いのではないかと私は考えています。

†フィードバックは「ダメ出し」ではない

フィードバックは、ランチ等で対面で行ったり、オンラインでやりとりしたり、またはチャットツールを活用するなどして、気軽に行っていくのがいいと思います。

大学や社会人向けのプログラムでの受講生のフィードバックのやりとりを観察していると、最初のうちは、フィードバックの交換を苦手としている人がかなり多い印象を受けます。そのため、チャットツールであれ、グループワークであれ、なかなかスムーズに行きません。

その主な理由として、「フィードバック＝ダメ出し」と考える人が多いことが挙げられます。実際、企業で行われているフィードバックの大半は、欠点の指摘でした。欠点を直し長所を伸ばしてより良いものにするために使えるフィードバックならいいのですが、欠点しか指摘されず長所が認められなかったり、欠点を指摘すること自体が目的じゃないのかと疑いたくなるくらいに細かすぎたりして、ちっとも建設的でないことも多いのです。その結果、フィードバックに対してマイナスな印象になり、苦手意識だけが強まっていくのです。

ここでしっかりと確認しておきたいのですが、「フィードバック＝ダメ出し」ではありません。「フィードバックをしあう」ことは、お互いを評価することではなく、ましてや攻撃することでもないのです。

フィードバックしあうのは、個人それぞれの提案の長所・短所を、お互いに気づきやすくするためです。その結果、それぞれの長所や得意なことをさらに伸ばし、短所や苦手なことを解消していくことができるのです。つまり、フィードバックは、お互いのそうしたスキル向上や提案の改善のためのツールなのです。とくにバディとの間でそのことをしっかりと肝に銘じておきましょう。

†フィードバックは必ず「S・B・I」の3つを盛り込む

では、フィードバックが「ダメ出し」に陥らないようにするには、どうすればいいのでしょうか?

フィードバックを建設的なものにしていくには、大きく次の3つのルールをつねに意識することです。

ルール❶ 「S・B・I」の3つを盛り込む
ルール❷ 慣れないうちは、ポジティブなフィードバックのみにする
ルール❸ ネガティブなフィードバックでは「改善案」を伝える

ルール❶から見ていきましょう。

相手に対してフィードバックをするときに意識したいのが、「S・B・I」です。Sは「Situation(状況)」、Bは「Behavior(行動)」、Iは「Impact(影響)」の頭文字

です。フィードバックでは、この「状況・行動・影響」の3つすべて盛り込むことが鉄則です。つまり、「あなたはあのとき（S：状況）、△△さんに○○をお願いしたことで（B：行動）、あの業務の流れがスムーズになった（I：影響）」という具合です。

「状況：S」を伝えなければ、どの場面のことをフィードバックしてくれているのかがわかりません。「行動：B」や「影響：I」が必要なのは、フィードバックが相手の発言や行動にどう影響したのかを伝えるためのものですから、当然ですね。また、リーダーシップとは、「何らかの成果を生み出すために、他者に影響を与えること」ですから、相手のリーダーシップについてのフィードバックでは、BとIの内容は欠かせません。

ぜひみなさんも、相手にフィードバックをする際には、この「S・B・I」を意識してください。

†慣れないうちは、ポジティブなフィードバックのみにする

次にルール❷ですが、フィードバックをダメ出しにしないためにも、慣れていないうちは、「ポジティブなフィードバックしか行わない」を鉄則としてください。

「ここがよくなかった」など相手を批判したり、「そんなやり方をするからうまくいかないんだよ」と相手を責めたりするのは厳禁です。「ここがよかった」と、相手の発言や行動のよかった部分だけに注目し、そこをほめたり、感謝していくのです。

ほめたり、感謝したりというのであれば、フィードバックをする側も、される側も気楽に取り組めますよね。まずはポジティブ・フィードバックでフィードバックへの苦手意識を払拭していきましょう。

また、こうした前向きなコミュニケーションによって、お互いに対する信頼関係も築いていけますし、それ以上に、権限によらないリーダーシップを実践していく上でのモチベーションを高めていくことができるはずです。

ただし、「ずっとポジティブ・フィードバックしかしない」というのも、実は不充分です。なかなか目標達成に至らない状態をつくってしまいかねません。なぜなら、

ポジティブ・フィードバックばかりもらっていると、「ほめられないと動けない」という傾向を生み出してしまう可能性があるからです。また、もともと自己評価の低い人の場合、ポジティブ・フィードバックばかりだと「この人は本当のことを言っているのか？」という疑念を持ちかねないというリスクもあります。

実際、誰しもが目標達成に向けてつねに１００％完璧な発言や行動をしているわけではありません。改善すべき点は必ず持っています。そして、その改善すべき点に気づき、そこを改善していくことで、現状を二歩も三歩も前進させていくことができます。

そこで、フィードバックをしあうことに慣れてきて、かつお互いへの信頼関係がある程度構築されてきたら、ネガティブなフィードバックを入れてもＯＫにしていきます。「バディ」ならば、これが最初から、あるいは早期にできるようになるでしょう。逆に言うと、そういう人を「バディ」に選ばないといけません。

✝ネガティブなフィードバックでは「改善案」を伝える

ただし、「ネガティブなフィードバックもＯＫ」は、「ダメ出しもＯＫ」ということではありません。「あなたのあの発言のここがよくなかった」とダメ出しをするのではなく、「あの発言は、ここをこうするともっとよくなると思う」という具合に、改善案を提案していくのです。これがルール❸の「ネガティブなフィードバックでは『改善案』を伝える」です。

ただし、改善案を伝えるフィードバックだとしても、伝え方には注意が必要です。相手が「自分は責められている」とネガティブに受け取ってしまえば、相手は、頭では「そうしたほうがいい」と思っても、気持ちの部分で拒絶してしまうかもしれません。そうなってしまえば、せっかくフィードバックをしても改善につながらなくなってしまいます。

では、どう伝えていけばいいのでしょうか。ここでは3つの方法を紹介しましょう。

① 決して相手を責めない

②改善案を伝えていいかを尋ねる
③ハンバーガー・フィードバック

まず①「決して相手を責めない」です。これは、ネガティブ・フィードバックを行う際の必須事項です。たとえ相手のミスによって起こったことについてフィードバックしていく場合であっても、「あなたが○○したからこうなったんだ！」と、相手のミスを責めることを主眼にしてはいけません。そのミスが起こった原因を感情抜きに冷静に分析し、「次に同じことが起こった場合に、こうすればうまくいくのでは？」と前向きな改善案を提案していきます。

実際、ミスした相手を責めたところで状況は改善されません。それどころか、悪化する可能性もあります。なぜなら、そうやって責められることでモチベーションが大幅に下がってしまいかねないからです。相手が前向きになれるような伝え方をつねに心がけるようにしましょう。

次に②「改善案を伝えていいかを尋ねる」です。これは、改善案を伝える前に、

「ここを改善するともっとよくなると感じた点があるのですが、お伝えしてもいいですか?」という具合に尋ねる、ということです。この質問によって、改善案を受け取る・受け取らないを相手に選択してもらうわけです。

そして、相手から「お願いします」と言われたときに伝えます。一方、「今はちょっと」という反応であれば、とりあえず引っ込めましょう。こうした反応をするということは、現状では、相手はまだ聴く態勢になっていないのです。それを無視して無理やりフィードバックをしてしまえば、相手の抵抗感を生むだけです。これでは改善につながらないばかりか、相手のやる気を削いでしまいかねません。

この場合は、相手がみずから「改善したほうがいい」と思えるようになるのを待つのが得策です。そうした気持ちになったときには、こちらがしようとしているフィードバックが気になり、「どのあたりを改善したほうがいいと思いますか?」と相手から聴きにきてくれるようになります。

†ハンバーガー・フィードバックの落とし穴

3つ目の方法は③「ハンバーガー・フィードバック」です。

これは、フィードバックにネガティブな内容も含める際に、その前後にポジティブな内容を入れて、ハンバーガーやサンドイッチのように、ポジティブな内容でネガティブな内容を挟むようにする方法です。たとえば、こんな具合です。

「あなたの説明は◯◯な点が大変良かったです。【パン部分】

さらに改善するところがあるとすれば、××を入れることだったのではないでしょうか。【肉部分】

とはいえ、◯◯は非常に良かったです。【パン部分】」

このフィードバックで本当に相手に伝えたいのは、真ん中の【肉部分】です。ただ、改善案を伝えているとはいえ、聞きようによってはネガティブな内容になり、相手にマイナスの感情を生じさせてしまう可能性があります。そうなると改善案もなかなか受け入れてもらえなくなります。そうならないようにするために、クッションとして、ポジティブな内容を入れる、というわけです。

ただ、これはどんなタイプの人にも使える万能な方法ではありません。人によっては、こちらが期待している効果とは異なる受け取り方をする場合があります。

異なる受け取り方には大きくわけて2つのパターンがあります。1つは、本当に伝えたいネガティブなフィードバックが、それを挟むポジティブ・フィードバックによって相殺されてしまう、というパターンです。

どういうことかというと、相手の記憶には最初と最後のポジティブ・フィードバックだけ残り、こちらがもっとも伝えたいネガティブ・フィードバックが残らない、という状態です。ハンバーガーにたとえれば、相手の気分を和らげようと思ってポジティブの「パン」を2枚つけたら、その2枚だけを食べて、間に挟まったネガティブの「肉」を食べてくれないという状態です。

かなり都合のいい受け取り方ですが、このタイプはどんな集団においてもほぼ必ず一定数存在します。

もう1つのパターンは、これとは正反対です。ポジティブ・フィードバックを加えたにもかかわらず、相手にはネガティブ・フィードバックの衝撃だけが残る、というパターンです。ハンバーガーにたとえると、せっかく全体の印象を和らげるために、ポジティブの「パン」を2枚つけたのに、ネガティブの「肉」だけしか食べてくれないという状態です。

こうなってしまうと、ネガティブ・フィードバックが、その人にとっては「改善案」ではなく「ダメ出し」となってしまいます。その結果、改善が図られないばかりか、フィードバック交換そのものに拒絶反応を示すようになってしまう可能性もあります。

私自身、20年近くリーダーシップの授業を担当している中で、こうした反応をするタイプの人もどんな集団にも一定数存在することに気づきました。たぶん、これらのタイプは1〜2割はいるのではないでしょうか。

だからといって、「ハンバーガー・フィードバックは使わないほうがいい」とはなりません。残りの8〜9割の人には確実に効果があるわけです。ですから、ネガティブな内容（改善案）を伝える際には、やはり有用な方法だと私は考えています。ただし、万能ではない。「うまくいかないケースも起こり得る」ということをつねに意識しつつ、万が一そのケースにあたったときには対処法を検討しながら使っていくのがいいと思います。

フィードバックをもらうコツ

ここまでフィードバックの「発し方」についてみてきましたが、ここからは「受け方」について見ていきます。

フィードバックを受けることを恐れている人は多いですが、日本人の場合、実際、自分からどんどん相手に、ダメ出し以外のフィードバックをしていく人はそれほど多くないように思います。ということは、自分へのフィードバックは、待っているだけではなかなかもらえない、ということでもあります（ダメ出し以外は、ですが）。

そのため、バディとの間でフィードバックの交換を活発にしていこうと思ったら、率先垂範で、まずは自分から（出すのではなく）もらいにいきます。そうすることで、自分へのフィードバックをもらいやすくなります。

フィードバックを自分からもらいにいくことの効果はそれだけではありません。自分からまずもらいにいくことで、ネガティブなフィードバックを相手にせざるを得ない際に、相手にその内容（改善案）を受け取ってもらいやすくもなるのです。最初に相手からフィードバックをしてもらうことで、「お互いさま」となり、こちらのフィードバックに対しても聞く耳を持ちやすくなるからです。

ただ、「フィードバックをください」と相手にお願いするだけでは漠然としていて、相手も何を言ったらいいのか迷ってしまいます。そこでぜひ活用していただきたいのが、先述したフィードバックの鉄則である「S（状況）・B（行動）・I（影響）」の3つです。この3つを盛り込むことで内容が具体的になります。相手もフィードバックを求められている箇所を絞り込むことができます。さらにそれを「質問」形式にしてフィードバックをお願いするのです。

たとえば、「さっきの（状況）、私の○○は（行動）、どうだったか（影響）？」とか、「さっきは（状況）、△△で（行動）よかったかな？（影響）」といった具合に、気軽な雰囲気で、でもS・B・Iをこちらから指定して答えやすいようにして質問します。

さらに改善案まで言ってもらいときには、「さっきの私の××だけど、次回はどうすればもっとよくなると思う?」といった形で質問するのがお勧めです。

こんな具合に具体的に質問すると、相手も答えやすくなると思います。

フィードバックをもらいやすくするコツはそれだけではありません。フィードバックをもらったら、それを今後の行動や発言の改善に活かすのは当然のこととして、それによって何らかの効果を得られた場合には、その旨もフィードバックしてくれた人に報告しましょう。

そうした報告をしてもらえるのはうれしいものです。自分のフィードバックにきちんと耳を傾け、それを何らかの形で活かしてくれた人には、その後もフィードバックがしやすくなります。その結果、改善につながるようなフィードバックを相手ももらいやすくなるのです。

†ダメ出しを上手に受け取るテクニック

先ほど、ネガティブ・フィードバックを上手に伝える方法を述べましたが、あなたが受け取る側の場合に、相手がそうした配慮をしてくれるとは限りません。フィードバックと称してひたすらダメ出しをされてしまうこともあり得ます。

そこで、ここでは「ダメ出し」を上手に受け取り、それを自らの改善に活かしていくためのテクニックを紹介します。

今一度、しっかり認識していただきたいのが、「ダメ出し」は多少の誇張はあるかもしれませんが、あなたの発言や行動などが相手からは「そう見えた」「そう感じられた」という事実がある、ということです。

そして、リーダーシップの定義は、「何らかの成果を生み出すために、他者に影響を与えること」（10ページ）ですから、ダメ出しをされた場合、その相手（＋α）に対してあなたがうまくリーダーシップが発揮できていない部分があったことは認める必要があります。

ただ、それはあなた自身が否定されたわけでも、「あなたにリーダーシップの才能がない」と言われたわけでもありません。そのダメ出しをヒントに、リーダーシップのスキルを磨くべく、さらには目標達成に近づくべく、改善に取り組んでいけばいいだけのことです。

そのための方法として私が受講生や研修生たちに必ず勧めているのが、相手からのダメ出しを、自分の中で「前向き、建設的に捉え直す」ことです。その上で、リーダーシップのスキルを改善していくヒントとして、自分自身の発言や行動に落とし込んでいきます。

たとえば、「あの説明は冗長な印象で、結局、まわりとしては、何をすればいいのか、いまいちわからなかった」と言われたならば、どういう言い方だったら、まわりは動きやすくなれるのかを考えればいいのです。

「あの打合せでは、あなたがどんどん話を進めるので、まわりは口を挟めず、置いてきぼりにされていると感じた人も多かったのでは」と言われたら、会議等での自分の話し方を見直すチャンスになります。

この際、「今後はこうしたダメ出しをされないよう、言われたことはすべて改善していこう」などとおおげさに気構える必要はありません。「目標達成のためのリーダーシップの発揮」という観点から、「受け取ったほうがいいダメ出し」と「受け取らなくていいダメ出し」を取捨選択していくといいと思います。そして、前者については、「リーダーシップのスキルを改善するための「いいヒント」としてぜひとも活用していきましょう。

もちろん、ダメ出しを上手に受け取れるようになるのは簡単なことではありません。私が担当している大学生や社会人の受講生たちを見ていてもそう感じます。ただ、「前向き、建設的に捉え直す」を意識することで、人それぞれ進捗具合に差はありますが、受け取るスキルも徐々に上がっていくことを実感しています。

ダメ出しを受けることは、見方を変えれば、学びのいい機会です。そのチャンスをぜひ活かしていってください。

†フィードバックの授受が上手になったら、バディづくりは卒業

この章では主に、バディとの間のフィードバックの授受について、そのノウハウを述べてきました。

慣れないうちはなかなか盛り上がらないフィードバックの交換ですが、大学生や社会人の受講生たちを見ていると、繰り返すうちにだんだんと発することにも、受け取ることにも躊躇がなくなっていくようです。リーダーシップの講座も後半の期間に入ってくると、メンバー同士、かなり活発にフィードバックを交換しています。

みなさんの職場で権限によらないリーダーシップを実践した場合にも、フィードバックの交換についてはだいたい同じような展開になるのではないかと思います。

そして、そこに参加するメンバーたちがフィードバックの授受に慣れて、必要に応じて「フィードバックをください」と言えるようになったら、もはやわざわざ「バディづくり」をする必要はありません。

なぜなら、フィードバックの授受のスキルが身についている人であれば、自分が属する集団ごとにフィードバックをしあえる人を自分で探せるようになっているからです。わざわざ「バディづくり」を意識しなくても、自然にそこにいるメンバーとバディの関係になっているわけです。

実際、全員がリーダーシップを発揮している集団というのは、全員がお互いにとって「バディ」のような存在になっています。つまり、お互いのリーダーシップを援護しあい、ときにフィードバックでお互いに軌道修正を行っていく。

その意味で、「バディをつくる必要がある人」というのは、原則として、権限によらないリーダーシップの「初心者」といえます。フィードバックのもらい方も受け取り方もまだよくわからないので、わざわざ「バディ」という存在をつくって、援護をしあったり、フィードバックをしあったりできるような環境を設けるわけです。

そして、バディと一緒に、最小3要素のスキルも、フィードバックの授受のスキルも上がっていったら、いよいよ「バディづくり」からは卒業です。以後は参加しているメンバーの誰に対しても、必要に応じて、援護やフィードバックの授受を行っていきましょう。

第5章 その実践❷ [権限者の場合]

†部下たちがリーダーシップを発揮しやすい環境をつくる

第3章で述べた通り、権限によらないリーダーシップのスキル（最小3要素、フィードバックなど）は、権限のある人（権限者）がリーダーシップを発揮する際にも有用です。

つまり、これは正確には「権限の有無によらない」ということです。権限がない人がリーダーシップを上手に発揮するためのスキルというだけではなく、当然、権限のある人にとっても「使えるスキル」なわけです。

特に権限者たちにお勧めしたいのは、自ら常に率先したり、細かく命令したりするのではなく、自分の部下たちが権限の有無・大小に関係なくリーダーシップを発揮できる環境をつくっていくことに注力することです。そうした環境をつくっていくために、この本でこれまで述べてきた最小3要素（とくに相互支援）やフィードバックなどのスキルを使っていくわけです。

†部下の中からリーダーシップを発揮できそうな人を見つける

ただ、こういう話をすると、少なくない権限者の人たちから、次の質問が出てきます。

「支援しようとしても、部下たちの間でリーダーシップを発揮しようという気配がありません。その場合は、どうしたらよいのですか？」

たしかに、部下の中に、大学等で権限によらないリーダーシップを学んだことがあり、それを自分の属するチームでも実践していきたいと考えている人がいれば、その部下の活動を支援していけばよいのですが、そういうケースはまだまだ稀です。

そのため、部下の多くは、いまだ「リーダーシップ」といえば20世紀型の「権限を根拠にしたリーダーシップ」を思い浮かべがちです。自己決定を重視するといわれているミレニアル世代やZ世代の人たちも意外にそう思い込んでいる人が多く、私自身、その世代の学生たちと日々接していて改めて驚いています。

しかも、ミレニアル世代やZ世代は、人間関係において「炎上」回避を最重要項目に置いている人が多いといわれています。こうした意識は職場の人間関係においても例外ではないようで、彼らの上司に当たる世代からは、「ミレニアル世代やZ世代は、概して余計なことを言って波風を立てることを嫌う傾向がある」という話をよく聞きます。

ということは、この世代に属する20～30代の部下たちの多くは、もし「権限によらないリーダーシップ」の存在を知らなければ、わざわざ上司や先輩、同僚などとの衝突のリスクを冒してまでリーダーシップを発揮しようとはしないわけです。

そのため、多くの組織においては、たとえ支援しようにも、部下たちの間に「リーダーシップを発揮していこう」という気配がなく、どうすることもできないわけです。しかも、権限によらないリーダーシップは、第3章で述べた通り、自然発生的に起こってこそ効果を発揮しますから、上から「実践しましょう」と指示するわけにもいきません。

では、こうした状態にある場合、権限者はどうすればいいのでしょうか？

私がお勧めしている方法が、部下の中で、環境が整えば権限によらないリーダーシップを発揮できそうな人を見つけ、彼らと一緒に実践していきながら、お互いにスキルを磨いていくことです。これが第1ステップ。そして第2ステップとして、彼らを軸にチーム内のメンバーをどんどん巻き込んでいく。そのようにして、誰もが必要なときにはいつでもリーダーシップを発揮できる集団へと変化させていくのです。

そこでまず第1ステップに取り組んでいくわけですが、最初に巻き込む部下は、できれば二、三人くらいいたほうがやりやすいと思います。しかし、職場によってはそれが厳しい場合もあります。その場合は、一人でもかまいません。

目ぼしい部下が見つかったら、まず声がけです。「権限によらないリーダーシップとは何ぞや?」を彼(ら)に丁寧に説明し、「これからはどんどん、リーダーシップの最小3要素を発揮してもらいたい。それに対して私は全面的にバックアップしていく」と伝える。それを聞いて相手が「ぜひやってみたい」といえば、さっそく権限によらないリーダーシップのスタートです。場合によっては、彼(ら)とバディの関係になってもいいと思います。

†「心理的安全性の確保」が必須条件

一方で、権限によらないリーダーシップの実践を一緒に取り組もうと声がけしたものの、部下がためらいを見せる場合もあります。また、実際に引き受けてくれたものの、なかなかリーダーシップの最小3要素を発揮してくれないこともあります。

その場合は、もしかすると、その職場では心理的安全性がいまいち確保できていないのかもしれません。なぜなら、部下たち、とりわけミレニアル世代やZ世代にリーダーシップの最小3要素を発揮してもらおうと思ったら、心理的安全性が十分に確保されていることが必須条件だからです。

先述したように、この世代にとって人間関係が安全であることが非常に重要だといわれています。自分の人間関係で「炎上」が起こることを、それこそ「明日飯が食えない」こと以上に恐れている。そんな彼らに、心理的安全性が十分に確保されていない環境で、「どんどんリーダーシップの最小3要素を発揮していこう」なんて促したところで、たぶんテコでも動いてくれません。

ところが面白いことに、「ここは心理的安全性が十分に確保されている」と確信を得た途端、彼らの態度はガラリと変わります。もともと自己決定を重視する傾向が強い世代です。本質的には「自分」というものをしっかり持っているわけです。従って、

「ここは何を言っても人間関係で炎上することはない」と確認できると、途端に自分たちの正直な思いや考えを積極的に表に出すようになるし、かつそれに基づいた行動も積極的に行うようになるのです。

このことは、私自身、大学の教員として大学生たちと日々関わってきて強く実感しています。

私のリーダーシップの講義では受講生にグループワークを頻繁に行ってもらいます。毎年のことですが、最初のうちは多くの学生が発言することに消極的で、グループワークは一向に盛り上がりません。

それが、回を重ねるうちに、講義で一緒になるメンバーとの関係性がだんだんとつくられていきますし、教員の私に対してもだんだん打ち解けてきます。その結果、「ここでは何を言っても大丈夫だ」という安心が確認できるようになると、自分の意見やアイデア、提案などを次々と発してくれるようになるのです。それを聞きながら、私自身、「君は、そんなことを考えてたの？」と驚くことしきりです。

これは私が毎年リーダーシップの講義で経験する学生たちの「変化」で、そのたびに、今の若い世代から積極的な発言や行動を引き出していく上で、心理的安全性の確保は必須条件だと痛感しています。

もし、あなたの職場において心理的安全性が確保されていないことに気づいたら、まず着手すべきは、その確保です。なお、そのためのノウハウについては、さまざまな書籍が出ているので、詳しいノウハウはそちらを参考にしていただければと思います。

✝黒子に徹して細やかに支援をしていく

ここからは、部下のリーダーシップを権限者がどう支援していけばいいのかについて解説していきます。

権限によらないリーダーシップの実践において、あくまでも主体となるのは部下のほうです。第3章でも述べましたが、これが上から与えられた「制度」と捉えられてしまえば、途端に彼らの自発性を削ぎ、うまく回っていかなくなります。

部下のリーダーシップを支援する文脈で権限者に求められるのは徹底的に「黒子」

に徹すること。

とりわけミレニアル世代やZ世代と一緒に取り組む場合、このスタンスは必須です。なぜなら、この世代は「自己決定」を重視する傾向が強いといわれており、彼らのやる気を引き出すには、「自分で選んで、行動して、それにより結果が出てきた」という流れにすることが非常に重要になってくるからです。

権限者としては、細かく口出ししたいところもあると思います。しかし、そこで口出ししてしまうと、彼らから「上からやらされている」と思われてしまいかねません。そうなると、「自分で決められない」というストレスが募っていき、彼らのやる気のボルテージは一気に下がってしまいます。

だからこそ、ここで権限者に求められる行動は、できるだけ彼（ら）には見えないところも含めてさりげなく支援し、彼らが成果（本書でいうところの「小さな成果」）を出せるように仕向けていくことです。つまり、黒子に徹しながら、彼（ら）がきちんと小さな成果を出せるように（逆をいえば、失敗しないように）十分に支援をしていく。その結果、実際に小さな成果を出すことができたときには、部下たちが「自分

（たち）が自発的に行い、それによって結果を出した」と思える流れになっているのが理想です。部下たちにどこまでそう思ってもらえるかが、権限者の腕の見せどころになります。

ただ、権限者の中には「自分がここまでする必要があるのか？」と思われる方もいることでしょう。ごもっともだと思います。ただ、20〜30代のミレニアム世代・Z世代の場合、傾向として指示・命令ではなかなかやる気を出してくれず、かつ下手すれば離職しかねません。そのタイプの部下を持った場合、こうした関わり方をしたほうがうまくいきます。

それに、最初は大変かもしれませんが、部下のリーダーシップが磨かれていくに従い、こうした関わり方のほうが20世紀型のトップダウンのリーダーシップよりもはるかに効率的に、目標達成に向けて集団を動かしていけます。なぜなら、リーダーシップのスキルが磨かれていくにつれて、個々のメンバーにオーナーシップのマインドも備わっていくからです。

この場合のオーナーシップとは、その集団が共有する目標の達成を「自分ごと」として取り組む姿勢のことです。つまり、自分の頭で目標達成に向けて何が必要なのかを考え、「これは必要だな」と思ったら、「誰かやってくれるだろう」ではなく、「自分がやろう」と率先垂範で動けることです。

個々のメンバーが、集団の目標達成に対してオーナーシップを持って取り組んでいける集団というのは最強です。

権限者が黒子に徹し、部下たちが主体的にリーダーシップを発揮し、小さな成果を出しやすい環境をつくるのに注力することは、こうした集団に変わっていくための方法でもあるのです。

†上と下とを取り持つ「仲介役」を担う

そうはいっても、ここで述べるような部下との関わり方を自分はできるのだろうか……と不安に思う人もいるかもしれません。そのために押さえておきたいポイントとして、大きくいって次の6つが重要だと私は考えています（ちなみに、この6つを実践していくことは、心理的安全性の確保にもつながります）。

①上と下との「仲介役」を担う
②決定する
③「最終的な責任は自分が取る」というスタンスを基本とする
④自分からフィードバックをもらいにいく
⑤フィードバックでは改善案を伝える
⑥リーダーシップの発揮が報われる環境をつくる

まず①の「上と下との『仲介役』を担う」ですが、経営者や幹部でない限り、権限者にはさらに上の権限者がいる場合が大半でしょう。そして、その場合、「さらに上の人」たちが権限によらないリーダーシップに対して否定的だと、権限のない部下たちが提案をしてもなかなか採用してもらえない、という事態になりかねません。

そこで、権限者は上と下とをつなぐ「仲介役」となって、下からの提案が「さらに上の人」たちに採用されるよう援護をしていきます。

もちろん、これは「いまいちな提案を上に対してゴリ押しする」ということではありません。部下の持ってきた提案についてまず肯定し、その上で必要ならば部下と一緒に、「組織全体にとってメリットをもたらす形」にするにはどうすればいいのかを検討し、修正していくのです。実際、組織全体にとってメリットがある内容であれば、「さらに上の人」たちへのプレゼンテーションもしやすくなりますし、採用もされやすくなります。

また、提案の修正をサポートするだけでなく、さらに上の人たちへの「根回し」も仲介役としての権限者の役割でしょう。部下の提案がどれほど組織全体にとってメリットがあるのかを丁寧に説明してまわります。この根回しによってどれだけ「さらに上の人」たちを巻き込んでいけるか、ここで仲介役としての権限者の手腕が問われるわけです（根回しのポイントについては第3章で解説していますので、そちらをお読みください）。

②の「決定する」についてですが、まず、「目標決定・共有」のうち最も大きな目標は、管理職（権限者）が決めます。その目標はさらに上から降りてきたものをその

まま使うこともあれば、管理職がそこからカスタマイズすることもあるでしょう。どちらにしても、その目標を決定するのは管理職です。その決定からして部下たちに議論させるという方法もなくはないですね。特にミッションを決めるような場合です。しかし日常業務について多くの場合、目標は管理職が「決定」します。そしてその目標を達成するための提案を部下たちが持ってくることを歓迎するわけです。その結果いろいろな提案が出てきたり、あるいは部下たちの話し合いがまとまらないこともあるでしょう。そのときにいつまでに決めるかを宣言し（締め切りを設定する）、締め切り日時になったら、どの方向で行くかを決定するのは権限者の仕事です。いくつか出ている案のどれにするかの部下たちの議論の結果を待てないことが少なくないと思われるからです。つまりいろいろな人の意見の表明を促すのは管理職の仕事ですが、聞いた後に結局どれにするかを決めるのは管理職です。誰かが決定しなければ組織は動き出せません。決定するのは誰かと言ったら何度も言うように管理職しかありえないでしょう。リーダーシップを発揮しなさいと言われていた部下たちも、このことには異議はないはずです。

†「部下が失敗したときにどう振舞ったか」が見られている

次は③の「『最終的な責任は自分が取る』というスタンスを基本とする」です。部下が小さな成果を出せるように支援していくことは、権限者に求められる大きな役割ですが、ただ、毎回うまくいくとは限りません。ときに頑張って取り組んだものの、いい結果が出せないこともあります。その場合の責任を、権限者は引き受けることができるか。こうした姿勢を権限者が取れるか否かも、部下が積極的にリーダーシップを発揮できるかどうかに大きく影響すると私は考えています。

最悪なのは、口では「最終的な責任は自分が取る」というものの、いざうまくいかなくなった場合に、「君の提案だったよな」と部下のせいにするというパターンです。失敗したときにこんなことをされるのは部下にとっては恐怖以外の何物でもありません。この経験がトラウマになって、その権限者の下では二度とリーダーシップを発揮してくれなくなるでしょう。下手をすれば、「リーダーシップなんて発揮してもロクなことがない」と、誰の下につこうが、不信感を抱くことだって起こり得ます。

そして、「部下のせいにする」というスタンスを取ってしまうことは、その権限者の今後のリーダーシップにおいても大きくマイナスとなります。そんなリーダーの下では、たいていの人は頑張ろうと思わないからです。彼らのモチベーションは下がっていく一方だと思います。

あなた自身が誰かの部下だった頃のことを思い出してみてください。自分が失敗したとき、その上司がどういう態度を取ったのか、きっちり観察していたのではないでしょうか。あなたの部下たちも、そのときのあなたと同じように、部下の失敗に対してあなたがどう振舞うのかをじっくり観察しています。そのことをしっかり意識しておきましょう。

もちろん。「権限者が100%責任を引き受ける」というのは、（理想的ではありますが）現実問題として難しいかもしれません。それでも「この失敗の責任を引き受けるのは主に自分だ」という姿勢を権限者が貫くことは重要だと思います。

†自分からフィードバックを取りにいき、改善する姿勢を見せる

次に④「自分からフィードバックをもらいにいく」です。

部下に対して支援的に関わっていく場合にも、部下との間でのフィードバックの授受は必須です。お互いにそれぞれがフィードバックしあうことで、軌道修正を絶えず行っていき、確実に目標に向かっていけるようにします。

フィードバックのやり方については第4章での解説を読んでいただくとして、ここでは部下に支援的に関わっていく際の、権限者に求められるフィードバックのポイントについて述べたいと思います。

その1つがこの④なわけですが、上司・部下の関係だとつい上司の側からまずフィードバックをしたくなるかもしれません。しかし、優先すべきは、上司（権限者）はまず自分から部下にフィードバックもらいにいく、ことです。

まず上司から「私が直したほうがいいところがあれば、率直に言ってほしい」と部下にお願いする（それを言ってもらうには、両者の間に心理的安全性が確保されているのが必須ですが）。そして、部下から改善案をフィードバックしてもらったら、そのうちの1つでもいいから、翌日から改善していくように意識する。さらに、タイミングを見て、「この前、フィードバックしてもらった○○だけど、改善はできているかな？」と、再度、フィードバックをもらいにいく。

改善するのは、フィードバックしてもらったことのうち、たった1つでもいいのです。部下の言葉に耳を傾け（傾聴し）、それを受け入れ、自分自身を改善していこうとする。部下からすると、上司のこうした姿勢を見ることで、「この上司は本気で自分のリーダーシップを支援してくれている」と感じることができます。そして、上司であるあなたも、部下がよりリーダーシップを発揮しやすい形に、自らの支援的な関わり方を軌道修正していくことができます。その結果、上司と部下との関係はいい方向に大きく変わっていけるはずです。

逆に、部下からのフィードバックに対して、聞く耳を持たずに、「生意気なことを言うな！」というスタンスでは、他のところで、いくら部下に対して支援的な関わり方をしようと頑張ったところで、部下にはまったく響かないと思います。実際、部下というのは、自分からのフィードバックに、上司がどう対応しているのかをしっかり観察していますからね。先述の部下が失敗したときにどういう態度をとるのかと合わせて、自分がどう見られているのかをしっかり意識するようにしましょう。

†自分のフィードバックが「ダメ出し」になっていないかを定期的にチェック

権限者に求められるフィードバックのポイントの2つ目は、⑤の「フィードバックでは改善案を伝える」です。

部下へのフィードバックはついつい「ダメ出し」になってしまいがちです。また、こちらはその意図がなくても部下から「ダメ出し」と捉えられてしまうこともあります。

だからこそ、上司から部下へのフィードバックのときには、「『ダメ出し』ではなく、『改善案』を伝える」ということをとくに強く意識する必要があります。

また、自分のフィードバックがダメ出しになっていないかを定期的にチェックすることも大切です。その際、自分でチェックするだけでなく、部下に「自分のフィードバックはダメ出しになっていないか」と質問し、自分のフィードバックに対するフィードバックをもらうのもお勧めです。

厳しい言い方になりますが、「ダメ出しするクセがある」という場合、「相手に対して『ダメ』と言える自分を示したい」というのが目的になってしまっているといえます。つまり、自分のほうが「上」であることを示したい。ダメ出しは結局のところ、マウンティングのひとつになりやすいのです。

ただ、ダメ出しをしていても、本来の目標達成には近づけません。それどころか、目標が遠のいてしまう可能性もあります。だからこそ、自分のフィードバックがダメ出しになっていないかのチェックは大切ですし、もしそうであるならば、本来の目標にしっかり立ち戻ることが必要なのです。

そして、もし自分がダメ出しをしていることに気づいたら、すぐさま「改善案」を示し、相手が目標達成に向けて前に進めるようにしてあげることが重要です。

†リーダーシップの発揮が報われる環境をつくる

部下への支援的な関わり方においては、彼らが小さな成果を積み重ねていくための支援のほかに、彼らがしたリーダーシップの発揮が報われる環境をしっかりつくっていく、ということも欠かせません。これが⑥の「リーダーシップの発揮が報われる環境をつくる」です。

これはリーダーシップに対する部下のモチベーションアップにもつながります。実際、自分の属する集団・組織がよりよい状態になるためにリーダーシップを発揮し、その結果も出ているにもかかわらず、称賛もされず、給料も上がらず、昇進もせず……では、次第にモチベーションが下がっていきます。

自分が頑張ったことに対してきちんとリターンがある。こうした環境を、リーダーシップを発揮してくれている部下たちに対してつくっていってあげることも、権限者が支援的にかかわる際に求められる役割だと私は考えています。

では、どのようにして「リターン」を与えるか。

どうしてもはずせないのが、部下がリーダーシップを発揮してくれた際に、「公にする」ことと、「褒める」ことです。

たとえば、どの職場にも、「誰かがやらなければならないのに、明確に役割分担が決まっていない業務」というものがあります。いわゆる「ポテンヒットの領域」(野球において、内野と外野の間など、誰の守備範囲かがわかりづらいところにボールが「ポテン」と落ちてヒットになる「ポテンヒット」になぞらえたもの）といわれる業務です。

先述した通り、リーダーシップのスキルが磨かれていくに従い、オーナーシップも備わっていきます。つまり、その集団・組織が目標を達成することを「自分ごと」として捉え、そのために必要な仕事に率先垂範で動けるようになるわけです。当然、ポテンヒットの領域の業務を見つけたら、率先して「自分がやろう」となります。

これはまさにリーダーシップの実践ですが、ポテンヒットの領域の場合、頑張ったところで他のメンバーにはなかなか気づいてもらえない場合が少なくありません。そこで、権限者としては、こうした頑張りこそを優先的に拾い上げ、公にし、かつ褒めるのです。そして、この繰り返しの中で、その集団・組織内において、「こうした働き方がプラスの評価を受けるのだ」という土壌をつくっていくのです。

さらに、こういう働き方（つまりリーダーシップを発揮すること）をすることで、より多くボーナスがもらえる、昇給や昇進がしやすい……といった目に見えるリターンも与えられるようにすると、さらにその土壌を強化できます。

もちろん、こうした土壌づくりは一朝一夕でできることではありません。しかし、「権限を持っている」ということは、そうした土壌づくりに多少なりとも関与できる立場にいるわけです。部下たちが発揮してくれたリーダーシップが報われる環境をつくっていくことも、権限者の役割としてぜひ取り組んでいってほしいと思います。

ところで、この章で述べた管理職の態度や行動は、新しいことでは全くなくて、伝統的な企業でもあちこちに存在した「良い上司」や「自分は出世しなくても多くの人を育ててきた上司」に共通するものではありませんか？　その意味で、「権限によらない（権限があってもなくても発揮する）リーダーシップ」を歓迎する上司は、VUCAに対応しイノベーションを促進しなくてはいけない時代の企業にあって、ようやくその価値が再評価されるようになる、と言えるのかもしれません。言い換えると、時代が変わったことで権限者だけのものであったリーダーシップが、権限のあるなしに関係なく発揮されるべきリーダーシップに代わり、昔も企業に時々存在した、多くの部下を育てる上司は、今の言葉で言うところの新しいリーダーシップを当時から持っていたのだというふうにあらためて再評価することもできるでしょう。

†質問について

第3章で質問とフィードバックが重要と書きました。フィードバックについては本文中で詳しく述べましたが、質問について補足します。コーチングとその周りで質問のしかたの本は数多く出版されているのですが、そのなかで2冊あげておきます。

エドガー・シャイン『問いかける技術』(英治出版、2014)
「マサチューセッツ通りはどこですか?」と道を尋ねられたらどう答えますか? という有名な問いかけから始まって、4種類の質問のしかたを意識的に使い分けることが大切と論じます。4種類がリーダーシップとどう関係するか考えながら読んでみてください。

マリリー・アダムス『すべては「前向き質問」でうまくいく 増補改訂版』（ディスカヴァー・トゥエンティワン、2024）

右のシャイン著を含め質問に関する本はほぼ全て「他者に対する質問」を扱っています。これに対してこの本は、「いま自分は批判的（judgmental）な思考になっていないか?」という自分に対する質問を投げかけて、建設的（前向き）な質問を発するように自らレーンを変更することが大切、と説きます。邦訳の題名が原題"Change your questions, change your life"に比べるとややおめでたい響きですが、中身は深いです。

†変化への反応について

ロバート・キーガン他『なぜ人と組織は変われないのか』（英治出版、2013）

リーダーシップを発揮しようとすると周囲に反発・抵抗されることが少なくありません。その原因の一つに「変化への心理的抵抗」があります。「変化への免疫（immunity to change）」を「免疫マップ」によって言語化し、変化への反発・抵抗がどうして生まれるのか、どうしたら軽減できるのかを説明した本です。読みごたえがあります。リーダーシップカレッジでも「苦労したけれども面白かった」という感想をもらいます。

†リーダーシップ理論について

舘野泰一・堀尾志保『これからのリーダーシップ』（日本能率協会マネジメントセンター、2020）

本書ではほぼリーダーシップ最小3要素のみで説明してきました。最小3要素を充分に使いこなせるようになったら、他の理論も拾い読みして自分なりのリーダーシップ論（リーダーシップ持論）を改訂していくというのが次のステップです。リーダーシップの諸理論を解説した本は数多くあるのですが、ここではこの1冊だけ挙げておきます。後半にリーダーシップ開発・教育の実践例の紹介もあります。

おわりに

本書は、『高校生からのリーダーシップ入門』（ちくまプリマー新書、2018年）、『大学発のリーダーシップ開発』（ミネルヴァ書房、編著、2022年）を受けて、社会人向けに書いたものです。2006年からずっと担当してきた大学生のリーダーシップ開発の修了生が毎年就職や起業で大学を卒業して行き、最初期の卒業生は30歳に達して「リーダーシップの授業が役に立っています」「なかなかリーダーシップ発揮させてもらえません」などと感想を寄せてくれるようになって、何かフォローアップをしたほうがいいなと考えるようになりました。それが本書執筆の一つのきっかけです。

もう一つには、2017年から早稲田大学職員研修、さらに2018年からは日本橋キャンパスのWASEDA NEOで「早稲田リーダーシップカレッジ（旧称：21世紀のリーダーシップ開発）」を毎年コンスタントに担当するようになり、そこではいわばリアルタイムの反応がありました。特にリーダーシップカレッジでは、「あなたが所属する組織・学校に、『経験から学ぶ新しいリーダーシップ開発』を導入する詳細な計画を立てて一部を実行し始めてください。」という極めて実践的な最終課題を課し、全授業をその最終課題のために逆算して組み立てて提供していくという構成にしてあるので、受講生全員が各自自分の職場で自分と他者のリーダーシップ開発を始動せねばならず、そのための作戦計画や始動してからの紆余曲折が毎回の授業で報告されるという、教員も一緒にスリルを味わう日々です。本書でも紹介したように、その最終課題への手始めとして、各自の職場で既に「権限によらないリーダーシップ発揮の実例」がないか探してみるという取材・調査をしてもらっています。

受講生のいる企業や学校に限らず日常生活の場でも、「権限によらないリーダーシップ」は、いままでそれと意識せずに発揮されていたものを言語化・概念化して、これ以降は意識的に実行して広げていくという面があります。また、リーダーシップには汎用性があるので、職場や学校でリーダーシップを発揮できる人はそれ以外の日常生活でも発揮できる・発揮するようになる可能性がおおいにあります。そう考えると、高校生・大学生・社会人を対象にリーダーシップ開発を継続的におこなっていくことは、社会全体でリーダーシップを発揮する人の総数を増やす効果があります。リーダーシップをもった人はいくら多くてもそれで困ることはない（船頭が多くても大丈夫）ので、これはおおいに社会的意義のある活動で、しかも間近にリーダーシップを発揮する人を目撃した人はリーダーシップに興味をもちうるという意味で伝染性もありますので、リーダーシップ開発の実践は一種の社会運動でもあると言えるのではないでしょうか。いろいろな国難が予想される日本でリーダーシップのある人の数がこれから増えていくのはおおいに頼もしいことだと思います。

本書を執筆するにあたって、早稲田リーダーシップカレッジ修了生の赤塚直子さん、上村明子さん、黒木大樹さんらには職場の実例の掲載を許可していただいたり、草稿を読んでもらってコメントをいただいたりしました。また、筑摩書房の吉澤麻衣子さんとライターの前嶋裕紀子さんには『高校生からのリーダーシップ入門』のときと同様にお世話になりました。記して感謝申し上げます。

ちくま新書
1828

「権限《けんげん》によらないリーダーシップ」で組《そ》織《しき》が変《か》わる

二〇二四年一一月一〇日　第一刷発行

著　者　日向野幹也（ひがの・みきなり）

発行者　増田健史

発行所　株式会社 筑摩書房
東京都台東区蔵前二-五-三　郵便番号一一一-八七五五
電話番号〇三-五六八七-二六〇一（代表）

装幀者　間村俊一

印刷・製本　三松堂印刷 株式会社

ISBN978-4-480-07650-2 C0233

ちくま新書

002
経済学を学ぶ
岩田規久男
交換と市場、需要と供給などミクロ経済学の基本問題から財政金融政策などマクロ経済学の基礎までを、現実の経済問題に即した豊富な事例で説く明快な入門書。

035
ケインズ
――時代と経済学
吉川洋
マクロ経済学を確立した20世紀最大の経済学者ケインズ。世界経済の動きとリアルタイムで対峙して財政・金融政策の重要性を訴えた巨人の思想と理論を明快に説く。

225
知識経営のすすめ
――ナレッジマネジメントとその時代
野中郁次郎
紺野登
日本企業が競争力をつけたのは年功制や終身雇用の賜物のみならず、組織的知識創造を行ってきたからである。知識創造能力を再検討し、日本的経営の未来を探る。

336
高校生のための経済学入門
小塩隆士
日本の高校では経済学をきちんと教えていないようだ。本書では、実践の場面で生かせる経済学の考え方をわかりやすく解説する。お父さんにもピッタリの再入門書。

396
組織戦略の考え方
――企業経営の健全性のために
沼上幹
組織を腐らせてしまわぬため、主体的に思考し実践しよう！　組織設計の基本から腐敗への対処法まで「これウチの会社！」と誰もが嘆くケース満載の組織戦略入門。

427
週末起業
藤井孝一
週末を利用すれば、会社に勤めながらローリスクで起業できる！　本書では「こんな時代」をたくましく生きる術を提案し、その魅力と具体的な事例を紹介する。

565
使える！　確率的思考
小島寛之
この世は半歩先さえ不確かだ。上手に生きるには、可能性を見積もり適切な行動を選択する力が欠かせない。確率のテクニックを駆使して賢く判断する思考法を伝授！

ちくま新書

581 会社の値段　森生明

会社を「正しく」売り買いすることは、健全な世の中を作るための最良のツールである。「M&A」から「株式投資」まで、新時代の教養をイチから丁寧に解説する。

619 経営戦略を問いなおす　三品和広

戦略と戦術を混同する企業が少なくない。見せかけの「戦略」は企業を危うくする。現実のデータと事例を数多く紹介し、腹の底からわかる「実践的戦略」を伝授する。

701 こんなに使える経済学——肥満から出世まで　大竹文雄編

肥満もたばこ中毒も、出世も談合も、経済学的な思考を上手に用いれば、問題解決への道筋が見えてくる！　経済学のエッセンスが実感できる、まったく新しい入門書。

785 経済学の名著30　松原隆一郎

スミス、マルクスから、ケインズ、ハイエクを経てセンまで。各時代の危機に対峙することで生まれた古典には混沌とする経済の今を捉えるためのヒントが満ちている！

827 現代語訳 論語と算盤　渋沢栄一　守屋淳訳

資本主義の本質を見抜き、日本実業界の礎となった渋沢栄一。経営・労働・人材育成など、利潤と道徳を調和させる経営哲学には、今なすべき指針がつまっている。

928 高校生にもわかる「お金」の話　内藤忍

お金は一生にいくら必要か？　お金の落とし穴って何だ？　AKB48、宝くじ、牛丼戦争など、身近な喩えでわかりやすく伝える、学校では教えない「お金の真実」。

1006 高校生からの経済データ入門　吉本佳生

データの収集、蓄積、作成、分析。数字で考える「頭」は、情報技術では絶対に買えません。高校生でも、そして大人でも、分析の技法を基礎の基礎から学べます。

1046 40歳からの会社に頼らない働き方 柳川範之
誰もが将来に不安を抱える激動の時代を生き抜くには、どうするべきか？「40歳定年制」で話題の経済学者が、新しい「複線型」の働き方を提案する。

1092 戦略思考ワークブック【ビジネス篇】 三谷宏治
Suica自販機はなぜ1・5倍も売れるのか？1着25万円のスーツをどう売るか？20の演習で、明日から使える戦略思考が身につくビジネスパーソン必読の一冊。

1130 40代からのお金の教科書 栗本大介
子どもの教育費、住宅ローン、介護費用、老後の準備、相続トラブル。取り返しのつかないハメに陥らないために、「これだけは知っておきたいお金の話」を解説。

1179 日本でいちばん社員のやる気が上がる会社——家族も喜ぶ福利厚生100 坂本光司＆坂本光司研究室
全国の企業1000社にアンケートをし、社員と家族を幸せにしている100の福利厚生事例と、業績にも確実によい効果が出ているという分析結果を紹介する。

1228 「ココロ」の経済学——行動経済学から読み解く人間のふしぎ 依田高典
なぜ賢いはずの人間が失敗をするのか？自明視されてきた人間の合理性を疑い、経済学、心理学、脳科学の最新知見から、矛盾に満ちた人間のココロを解明する。

1270 仕事人生のリセットボタン——転機のレッスン 為末大 中原淳
これまでと同じように仕事をしていて大丈夫？右肩上がりではなくなった今後を生きていくために、自分の生き方を振り返り、明日からちょっと変わるための一冊。

1275 ゆとり世代はなぜ転職をくり返すのか？——キャリア思考と自己責任の罠 福島創太
いま、若者の転職が増えている。本書ではゆとり世代の若者たちに綿密なインタビューを実施し、分析。また、彼らをさらなる転職へと煽る社会構造をあぶり出す！

ちくま新書

1427
川上から始めよ
――成功は一行のコピーで決まる
川上徹也
企業の「理念」や「哲学」を一行に凝縮した、旗印となる「川上コピー」。あらゆるビジネス、プロジェクトの成功には欠かせないフレーズを、どう作ればいいのか。

1437
ネットで勝つ情報リテラシー
――あの人はなぜ騙されないのか
小木曽健
ネット空間は怖くない！　フェイクを見破り、炎上を防ぎ、あなたの声を正しく届ける技術、教えます。「ネットで勝ち抜く」大人のための情報リテラシー入門書。

1458
図解でわかる会社の数字
――株価を動かす財務データの見方
花岡幸子
財務3表の見方から経済指標の意味まで、株式投資や就職の前に知っておきたい会社の数字の読み解き方をすべてネコで図解。この一冊で、会社の実力を見抜く！

1492
日本経済学新論
――渋沢栄一から下村治まで
中野剛志
日本の近代資本主義を確立した渋沢栄一の精神は、いかに高橋是清、岸信介、下村治ら実務家たちに受け継がれたか。気鋭の評論家が国民経済思想の系譜を解明する。

1494
現場力
――強い日本企業の秘密
光山博敏
中沢孝夫
新しい技術の開発は、ずっと現場で行われてきた。豊富な事例をもとに、日本のものづくりの比較優位を支えてきた競争力とはどういうものか、その本質を捉え直す。

1502
「超」働き方改革
――四次元の「分ける」戦略
太田肇
長時間労働、男女格差、パワハラ、組織の不祥事まで、日本企業の根深い問題を「分け」て解決！　テレワークがうまくいく考え方の基本がここに。

1524
スーパーリッチ
――世界を支配する新勢力
太田康夫
上位1％のビリオネアが富の50％を支配し、コロナ禍でさらに格差が広がっている。知られざる富裕層の素顔と動向を明らかにし、行き過ぎた格差社会の行方を占う。

ちくま新書